IRLANDE
ANGLETERRE
ECOSSE
GALLES
SIAM
INDES
BIRMANIE
CEYLAN
CHINE
JAPON
CANADA
RUSSIE
GRÈCE
HONGRIE
JAMAÏQUE
DANEMARK
CORSE
SUÈDE

TERRA NOVA
TERRE-NEUVE
SUD-AFRIQUE
ADVANCE AUSTRALIA
AUSTRALIE
Nelle ZÉLANDE
FRANCE
MAROC
ALLEMAGNE
FINLANDE
IN HOC SIGNO
PORTUGAL
L'UNION FAIT LA
BELGIQUE
NORWEGE
TURQUIE
EGYPTE
PALESTINE
ESPAGNE
HOLLANDE
ITALIE
SUISSE

LES BEAUX
VOYAGES

ALGÉRIE

"LES BEAUX VOYAGES"

ALGÉRIE	INDES
ALSACE	INDO-CHINE
CHINE	TUNISIE
ÉCOSSE	JAPON
ÉGYPTE	MAROC
ESPAGNE	RUSSIE

SUR LA PLACE DU MARCHÉ À BISKRA.

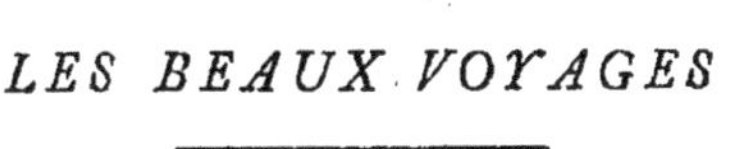

LES BEAUX VOYAGES

ALGÉRIE

PAR

BRIEUX
DE L'ACADÉMIE FRANÇAISE

OUVRAGE ILLUSTRÉ DE 12 PLANCHES
EN COULEURS ET D'UNE CARTE

LES ARTS GRAPHIQUES
ÉDITEURS
3 RUE DIDEROT, VINCENNES
1912

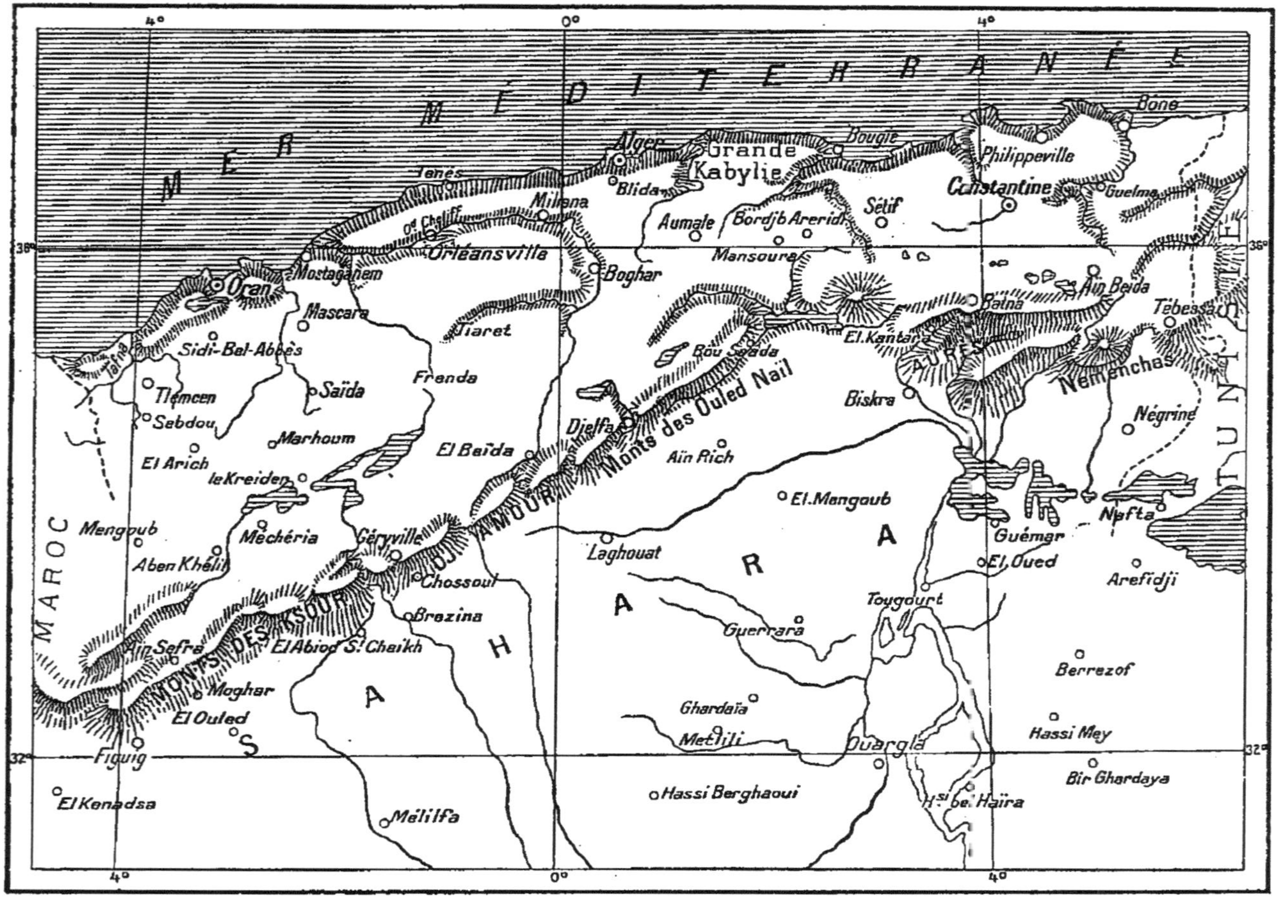

CARTE D'ALGÉRIE

ALGÉRIE

PREMIÈRE PARTIE

I

Le Départ de Marseille—L'Arrivée à Alger

— Allons, madame, fit le commandant d'une bonne voix toute chantante de l'accent du midi, il faut redescendre à terre. On n'attend plus que vous pour retirer la passerelle.

Et, comme la pauvre mère sanglotait maintenant,

— Voyons, voyons, il faut être raisonnable, que diable ! On ne va pas vous le manger ce petit ! Dans quatre ou cinq semaines il vous reviendra tout-à-fait guéri. Son oncle va le dorloter. Et moi, jusqu'à demain, j'aurai l'œil sur lui. Puis, il a quinze ans, il est presque un homme, ce gaillard là !

Calmée par tant de bonté, Madame Davennes, après avoir en hâte couvert de baisers son cher René, se laissa entraîner.

Très troublé, l'enfant appuyé au bastingage, la

suivit des yeux. Une profonde émotion l'étreignit alors à son tour à l'idée de se séparer pour plusieurs semaines de cette maman si tendrement chérie qu'il quittait pour la première fois et des larmes montèrent à ses yeux. Ah ! qu'à cet instant il eut volontiers renoncé à ce voyage pourtant si ardemment désiré !

Les dernières manœuvres commencèrent. Actif, l'équipage s'empressait ; la chaudière haletait bruyamment, l'appel strident et douloureux de la sirène déchirait l'air, le paquebot démarra dans une lente poussée en avant.

René cria un dernier adieu à sa mère qui, debout sur le quai, parmi la foule, lui envoyait des baisers à pleines mains.... Mais bientôt il ne distingua plus qu'un mouchoir qui s'agitait.... En réponse il agita le sien... puis ce fut fini....

Le navire franchissait la passe de la Joliette. Le petit voyageur sentit alors en lui, tout-à-coup, comme un déchirement. Et il se prit à pleurer comme un tout petit.

Mais le capitaine l'appelait. René sécha précipitamment ses yeux et courut à la dunette.

— Viens vite, viens que je te montre le panorama de Marseille. C'est un beau coup d'œil.

Alors, émerveillé, n'osant dire un mot, René contempla avidement le magnifique spectacle de la ville toute rose et toute dorée sous les caresses du soleil.

Le Départ de Marseille

— Voilà la jetée, les ports et la cathédrale ; elle est de style byzantin, elle ressemble à une mosquée avec des dômes ; et semble faire risette à la grande Mosquée d'Alger qui est en face, de l'autre côté de l'eau. Cette tour carrée c'est le Fort Saint-Jean. Voilà le Vieux-Port, le Jardin du Pharo et là-haut la basilique de Notre Dame de la Garde avec sa statue dorée qui brille dans le ciel.

Et bientôt, Marseille et la terre de France ne furent plus qu'une ligne blanche à l'horizon.

*

* *

Il n'avait pas été facile de décider Mme Davennes à laisser partir son fils. L'oncle Paul avait dû écrire plusieurs lettres, et voici celle qui emporta les hésitations de cette maman, qui plus tard, heureuse d'avoir cédé, la relut maintes fois avec plaisir.

Ma chère Sœur,—Il faut te décider à m'envoyer René ici puisque le médecin te le conseille. Pourquoi attendre et remettre de jour en jour une décision à laquelle tu seras contrainte ? D'ailleurs, la séparation ne sera pas bien longue, puisque tu viendras ici passer huit jours le mois prochain, et je puis te promettre que tu auras la joie de retrouver ton jeune gars complètement débarrassé de sa vilaine bronchite.

Ce qui t'épouvante, je le sais bien, c'est l'idée que René devra voyager seul. Ce n'est pas une bien grave affaire d'aller de Paris à Alger, puisque tu viendras à Marseille embarquer mon jeune neveu. Il sera recommandé au capitaine. Pendant vingt-six heures, il ne fera rien que regarder la mer bleue, manger, dormir. Et au bout de ce temps ils trouvera sur la côte d'Alger son oncle qui sera heureux de lui tendre les bras.

Je me demande encore ce que tu peux craindre. Tu dois te rappeler que je t'ai toujours reproché ton excès d'imagination, je suis certain que tu dois avoir peur pour René des lions de l'Afrique, des tigres féroces, et des sauvages armés de flèches empoisonnées ; je puis te garantir que ces craintes sont vaines.

Est-ce le climat d'Afrique qui t'inquiète ? T'imagines-tu qu'il faut se garder de laisser les œufs dehors quand on ne veut pas les manger durs ? Apprends donc que l'Algérie possède tous les climats et que si le littoral est chaud en hiver les gens qui comme nous ont la liberté de se déplacer trouveront des températures suisses en s'éloignant et en s'élevant un peu.

Même si la santé de René n'était pas en cause, il faudrait me l'envoyer afin de le dégourdir un peu. Ici, il apprendra que le monde tout entier n'est pas contenu entre Paris que vous habitez dix mois de l'année et ton petit village du Gard où vous passez deux mois à vous lamenter sur la mévente des vins en regardant dépérir le vignoble paternel grand comme un drap de lit. Il apprendra qu'il n'y a pas sur la

LE PENON Á ALGER.

terre que des Parisiens et des Gascons ; que la France n'est pas limitée par les frontières continentales, qu'elle se prolonge, au-delà de la Méditerranée, dans un pays merveilleux et plein d'avenir.

Que peux-tu craindre encore ? Qu'il ne puisse continuer ses études ? Tu peux compter sur moi pour le surveiller et si je n'y suffisais pas, et si René devait rester ici plus longtemps que nous ne le pensons je puis t'apprendre, ô Française ignorante ! que l'Algérie est pourvue de tous les établissements d'enseignement. Tu dois déjà savoir qu'il y a ici des écoles primaires : je t'apprends qu'on peut y faire son droit, ses lettres, sa médecine, qu'on y trouve des écoles supérieures de commerce – et même, tout près d'Alger, une école d'agriculture établie sur le modèle des écoles nationales.

Alors maintenant, je me demande ce qui peut t'arrêter encore. Allons ! ma petite sœur, un peu de courage, ne sois pas, par excès d'amour maternel une mère insuffisamment bonne. Aimer quelqu'un pour le plaisir de l'avoir auprès de soi, c'est bien ; l'aimer assez pour supporter, par amour pour lui, le chagrin de la séparation, c'est mieux.

Petite maman, fais ton apprentissage de la douleur de la vie maternelle. Tu ne le garderas pas toujours auprès de toi, ton fils : il sera grand un jour et il te quittera. Prépare toi à ce dur moment par la petite séparation nécessaire d'aujourd'hui et fais le gaîment, puisque, si tu dois en souffrir, René en profitera.

Je t'embrasse de tout mon cœur.

PAUL.

Quand, le lendemain du départ de Marseille le paquebot qui portait René fut arrivé en vue des côtes algériennes, notre jeune ami remonta prendre sa place sur la dunette. Le capitaine lui tendit une jumelle marine :

— Regarde bien, tu verras distinctement la baie d'Alger. De ce côté, cette pointe sur la mer c'est la Pointe Pescade et de celui-ci, c'est le Cap Matifou. Pescade et Matifou, deux jolis noms du midi, hé ?

Le paquebot filait à belle allure. La côte semblait se rapprocher, accourir au devant du navire. Mille détails se précisaient. Le capitaine montra au jeune voyageur une tache blanche triangulaire, au milieu de la baie. C'était la ville d'Alger.

Le panorama d'Alger est célèbre. C'est un des plus beaux de la terre. Il y a sur notre globe une dizaine de points où la seule vue de la nature donne à l'homme une émotion vive, une exaltation, une évocation puissante de beauté. Là, il se sent vivre d'une vie plus intense, il éprouve le besoin d'attribuer à une supériorité l'arrangement du spectacle qui le charme ; son admiration est si violente que son cœur n'est point satisfait, que son âme souffre d'un vide, s'il ne peut mentalement exprimer sa reconnaissance d'être là et d'avoir des yeux.

Ces sentiments sont ceux que l'on éprouve en arrivant pour la première fois à Alger, par une après midi ensoleillée.

On ne sait exactement ce qui provoque tant de plaisir. Est-ce la vue du ciel plus bleu, de la mer plus bleue ? Ce qui nous réjouit, est-ce cette montagne lointaine couverte de neige, et qui se détache si doucement sur l'azur foncé du ciel ? Est-ce la colline ? Est-ce Alger même, dont on voit les milliers de maisons qui, du bleu d'en haut au bleu de la mer, dégringolent toutes blanches, toutes serrées les unes contre les autres, au milieu de la campagne toute verte ? Est-cela ? C'est cela et autre chose encore : l'enveloppement d'une atmosphère plus légère et plus fine, plus délicate, plus subtile ; et caressante, et tiède, et parfumée ; et c'est encore mille sensations imprécises, et mille choses inconnues que nos sens grossiers ne peuvent percevoir qu'en bloc, confusément, et pour lesquelles, par conséquent, nous n'avons pas d'expressions.

*

* *

Pendant que René subissait l'enchantement, le bateau s'approchait, et bientôt, il accosta. Notre jeune voyageur qui était descendu chercher sa valise dans sa cabine se trouva face à face, en remontant sur le pont, avec un monsieur de belle allure, carré d'épaules, à la barbe grisonnante, qui s'inclina cérémonieusement devant lui en le saluant et lui dit d'un ton grave : " Bonjour, monsieur mon neveu."

René surpris, resta interloqué une seconde, puis il se précipita en riant dans les bras qui s'ouvraient pour l'étreindre et embrassa bien fort ce bon oncle Paul qu'il n'avait pas vu depuis près de quatre ans et qu'il était si heureux de retrouver.

Quelques minutes après, confortablement installé dans une voiture, notre jeune voyageur faisait son entrée dans Alger. Sa première impression fut que " Ça manquait d'Arabes."

— A part les pauvres diables qui s'empressaient pour porter des bagages au débarcadère et qui ressemblaient à des marchands de nougat, je ne vois que de gens habillés comme nous, dit-il à son oncle d'un ton dépité.

— Patiente un peu, mon petit, tu en verras, des Arabes.

Comme on arrivait sur le Boulevard de la République, René ne put retenir un cri :

— On dirait une terrasse.

— Eh oui, c'est une des particularités d'Alger que ce boulevard surélevé, construit sur des docks et des entrepôts. Mais regarde le port.

René regarda et découvrit un port immense et étonnant d'activité.

L'Arrivée à Alger

— Tu es étonné, hein ! mon petit, dit l'oncle Paul après s'être amusé un instant de la surprise de l'enfant. Tu croyais trouver ici une petite ville barbare, avec un port de rien du tout ! On nous connait mal, si mal en France ! Eh bien, apprends qu'il n'existe dans la métropole aucun port qui puisse être comparé à celui-ci au point de vue du mouvement et du trafic.

— Mais, mon oncle, ce n'est pas possible ; il n'y a pas bien longtemps notre professeur de géographie au lycée nous disait que le port d'Alger n'est que le sixième des ports français au point de vue du mouvement des marchandises et le second pour le tonnage.

— Ton professeur a raison, mais Alger a sur les ports français l'avantage d'être en même temps qu'un port marchand, un port militaire, un port de pêche et un port de ravitaillement pour les compagnies de Navigations étrangères qui y ont établi des escales à l'usage de leurs lignes du Levant et de l'Extrême-Orient.

— Oh ! s'écria René, mais je vois des torpilleurs, là-bas !

— Précisément, ce sont eux qui constituent, avec un aviso, notre défense mobile.

— Et cette multitude de petits bateaux en face ?

— C'est notre flottile de pêche.

— On pêche beaucoup de poissons ici ?

— Énormément. Ces petits bateaux, qui sont plus de cinq cents, ont pris l'an dernier pour plus d'un million et demi de francs de poisson.

— Et comment s'appelle le petit port où ils sont réunis ?

— La vieille darse ou darse de l'Amirauté, qui date des Turcs.

L'aspect étrange de cette darse abritée du côté de la haute mer par un énorme îlot rocheux intriguait René. L'oncle Paul s'en aperçut et sans attendre d'être questionné par son neveu il lui donna les explications suivantes :

— Ce rocher a joué un rôle considérable dans l'histoire d'Alger. C'est pour cet îlot, en effet, que les Espagnols, dans le but de soumettre les Maures qui, après avoir été expulsés d'Espagne s'étaient réfugiés à Alger, firent construire le port du Peñon (de l'espagnol *peña* rocher). Mais les Turcs, appelés à leur secours par les Maures désespérés, le prirent d'assaut, le détruisirent et avec ses matériaux construisirent la jetée Kheïd-ed-Din qui relie encore l'îlot à la terre ferme.

René en se retournant jeta un coup d'œil sur les magnifiques maisons qui, face à la mer, bordent le Boulevard de la République.

— Ce sont des beaux immeubles, hein ? demanda l'oncle Paul.

— Oui, mais elles sont pareilles à celles de Paris,

riposta René avec une mine dépitée. Et c'est comme les Arabes je n'en vois toujours pas beaucoup.

L'oncle, amusé, sourit.

— Rassure-toi. Tous les Européens qui arrivent ici pour la première fois éprouvent la même impression. Tu as le temps d'en voir, des Arabes et des maisons arabes ! Nous traversons en ce moment la ville basse ou ville européenne. Mais la ville turque, la ville haute, te plaira, j'en suis sûr. En attendant, nous voici à la place du Gouvernement qui est le cœur d'Alger. Tu vas voir sur ta droite un beau spécimen de l'art oriental.

La voiture après avoir quitté le Boulevard de la République et tourné à gauche, débouchait sur une grande place rectangulaire de belles proportions. René se tourna du côté que son oncle venait de lui indiquer.

— Oh ! la belle Mosquée ! s'exclama-t-il, la belle Mosquée—c'est celle dont m'avait parlé le commandant... la sœur musulmane de la cathédrale de Marseille.

Transporté d'admiration, René contemplait ce monument d'une blancheur immaculée qui évoquait à ses yeux, pour la première fois, tout l'Orient des légendes.

La voiture qui s'était engagée dans une rue étroite s'arrêta brusquement devant une maison de médiocre apparence, aux murs grossièrement blanchis, percée seulement de quelques lucarnes et d'une porte étroite et basse.

— Nous voici arrivés chez moi, dit l'oncle Paul, en sautant à terre et en aidant son neveu à descendre de voiture.

René considéra un instant avec stupéfaction cette pauvre façade.

— C'est ça, votre maison ? Il n'y a pas de fenêtres ? Ne vous moquez vous pas de moi ?

— Mais non, mon petit, c'est bien ma maison et c'est une maison arabe, une vraie. C'est même pour cela qu'elle n'a pas de fenêtres. Les maisons arabes n'en ont jamais à cause du soleil et de la chaleur. Mais si l'extérieur n'est pas de ton goût, que dis-tu de l'intérieur ?

Le jeune voyageur pénétra, non sans défiance, dans une sorte de vestibule étroit très long et à demi-obscur aux murs revêtus de faïence multicolore. Mais tout-à-coup il s'arrêta cloué sur place se croyant transporté dans un de ces palais dont il avait tant lu de descriptions dans les *Contes des Mille et Une Nuits*.

Devant ses yeux éblouis, une cour carrée, toute baignée de clarté, où le ciel faisait comme une déchirure d'un bleu aveuglant, venait de s'ouvrir brusquement ; une galerie à arcades se répétant à l'étage au-dessus la bordait sur ses quatre côtés ; au milieu dans une grande vasque de marbre blanc émergeant d'un large

LE VENDREDI DANS LES CIMETIÈRES.

bassin, un jet d'eau chantait doucement et s'éparpillait en une pluie diamantée. La plus luxuriante des végétations complètait ce décor de féerie : orangers grenadiers, géraniums en fleurs, tassés en massifs dans les coins, amoncellement de glycines et de jasmins enguirlandant les colonnettes et courant le long des balustrades en bois ajouré.

Comme René demeurait bouche bée, sans bouger, l'oncle Paul dut le rappeler à la réalité.

— Allons, mon petit, dit-il, avec un bon rire, en lui tapant sur l'épaule, il faut en revenir. Tu dois mourir de faim, le dîner nous attend.

Mais à peine entré dans la salle à manger René huma curieusement l'arôme inconnu pour lui qui s'échappait d'un énorme plat occupant tout le milieu de la table.

— Qu'est-ce que c'est que ça ? s'écria-t-il en s'asseyant, avec une curiosité mêlée d'inquiétude.

C'était le kouskous, le plat national des Arabes qui l'appellent d'ailleurs *t'aam*, c'est-à-dire la nourriture par excellence.

— Ah ! tu as voulu de l'Orient ? En voilà ! D'ailleurs, rassure-toi, c'est délicieux.

René, un peu inquiet tout d'abord, goûta du bout des lèvres la bouchée que son oncle avait mise au milieu de son assiette. Mais il fut vite rassuré :

— Que c'est bon ! s'exclama-t-il gourmand.... J'en veux encore.

Comme l'oncle Paul s'empressait de le servir

copieusement, piochant, consciencieusement, dans l'énorme plat, René intéressé lui demanda comment ce mets était confectionné.

— C'est de la farine de semoule roulée en boulettes très fines avec des morceaux de mouton hachés et des légumes variés que l'on fait cuire doucement à la vapeur et que l'on arrose, au moment de servir, avec un bouillon très épicé. D'ailleurs nous demanderons la recette très détaillée à ma vieille cuisinière, afin que tu puisses l'envoyer à Paris.

Quand le repas fut terminé, René, accablé de fatigue, manifesta à son oncle le désir d'aller prendre du repos.

Après avoir écrit à sa maman pour lui annoncer son heureuse arrivée, notre jeune voyageur se mit au lit et s'endormit en évoquant des visions d'Orient où, sur des ciels rouges ou d'un bleu aveuglant, des minarets et des coupoles se découpaient à côté de gigantesques palmiers.

Ce que René n'avait pu rêver, c'est la joie qu'il devait éprouver devant le spectacle si pittoresque de la vieille ville à Alger. Lorsqu'il la visita, René se sentit transporté en plein Orient. Ce dédale de ruelles le plus souvent en escalier, tournant, s'entre-croisant, se coupant, si étroites que le soleil n'y peut jamais pénétrer, parfois voûtées, et ces maisons qui, en maints endroits, ne semblent faire qu'un seul bloc, sans fenêtres, percées de portes basses et de misérables échoppes d'épiciers, de barbiers, de cafetiers, de marchands de sucreries ou de friture, imprégnées d'odeurs nauséabondes et de parfums violents : tout le ravissait par le pittoresque et l'effrayait aussi un peu par un aspect souvent sinistre. Il admirait l'oncle Paul de se reconnaître et de circuler avec autant d'aisance et de sûreté dans ce labyrinthe étrange où il avait à tout moment l'impression de revenir sur ses pas. Ce qui le surprenait le plus c'était le silence qui y régnait, un silence lourd et inquiétant que troublait seulement la fuite rapide d'enfants nippés d'oripeaux se poursuivant avec des éclats de rire stridents, les voix rauques des marchands discutant au seuil de leurs boutiques ou des chants nasillards qui parfois s'échappaient d'une porte entr'ouverte.

A un détour l'oncle Paul s'arrêta :

— Nous sommes arrivés à la moitié de notre ascension. Je vais si tu veux, te montrer un café maure. Et avant d'entrer l'oncle récita ces deux polies strophes de Jules Lemaître :

Dans le café maure, immobiles
Et drapés de grands haillons blancs
On voit en passant des Kabyles
Assis ou couchés sur des bancs.

Ils vivent, sans quitter la natte
Où leur sagesse les cloua,
D'un peu de Kouskous, d'une datte
Et de trois gouttes de cahwa.

— Quelle petite tasse ! s'exclama en effet René en soulevant le minuscule récipient en porcelaine, guère plus gros qu'un coquetier, qu'un jeune Arabe venait de déposer devant lui.

— C'est l'usage, répondit l'oncle Paul. Le café turc se boit toujours dans des petites tasses. On en prend plusieurs et çà revient au même.

Comme René se délectait et s'extasiait sur la supériorité incontestable du café turc, un homme installé dans un coin se mit tout-à-coup à parler à haute-voix. On eut dit qu'il prononçait un discours. Autour, de lui, les Arabes silencieux, l'écoutaient l'air intéressé.

— Qu'est-ce que c'est que ça ?

— Ça, c'est un conteur, oui un homme qui va de café en café racontant des histoires.

— Mais quelles histoires ?

— Des vieilles légendes transmises de génération en génération, comme l'histoire des chevaliers de la Table Ronde, et des *Contes des Mille et Une Nuits.*

*

*   *

Ainsi reposés, nos voyageurs reprirent leur pittoresque promenade. René remarqua que plus ils s'éloignaient de la ville européenne, plus les ruelles devenaient silencieuses et désertes. C'est à peine s'ils croisaient de moment en moment, ou des Arabes passant comme des ombres, indifférents et rapides, ou des femmes voilées qui glissaient, craintives, laissant derrière elles une traînée d'odeur de musc ou de rose....

Ils arrivèrent ainsi à une place sur laquelle se dressait un énorme monument à l'aspect massif et imposant.

— Voilà enfin la Kasba, s'écria l'oncle Paul.

— Qu'est-ce donc que la Kasba ?

— C'est une citadelle. D'ailleurs, Kasba en turc veut dire citadelle.

— Il y a longtemps qu'elle a été bâtie ?

— Près de quatre cents ans.

— Par les Arabes ?

— Non, par les Turcs ; lorsqu'ils se furent rendus maîtres d'Alger.

— Alors, elle servait de caserne ?

— Oui naturellement, comme toutes les citadelles. Pourtant sous l'avant-dernier dey d'Alger, Ali-Kadja, elle devint la résidence du souverain. La Kasba n'offre rien de particulier extérieurement comme tu peux t'en rendre compte. Mais viens voir la cour intérieure ; elle n'est vraiment pas mal.

En effet, René trouva grand air à cette cour d'aspect sévère pavée de marbre blanc et encadrée d'une galerie circulaire aux arcades d'un joli dessin soutenues par des colonnes également de marbre blanc dont une fontaine et un platane que l'on croit plusieurs fois centenaire forment les seuls ornements.

— Si, au point de vue architectural, la Kasba est

sans intérêt, elle a du moins, pour nous Français, le mérite d'évoquer un fait historique des plus importants.

— Je devine ! s'écria René. C'est l'histoire du coup d'éventail.

— Justement.

— Comment c'est ici que c'est déroulée cette fameuse scène ?

— Mais oui, dans ce pavillon à droite au-dessus de la galerie.

— Oh ! racontez-moi ça en détail, mon oncle.

— Voici. Le successeur d'Ali-Kadja, Hussein, qui fut le dernier dey d'Alger, résidait ici comme son prédécesseur. Notre Consul à Alger, M. Duval, était venu officiellement, en grande pompe suivant l'usage, à l'occasion du Ramadan, qui est la plus grande fête religieuse des Musulmans, pour présenter ses hommages au Dey. Mais celui-ci reçut fort mal notre représentant. Naturellement, M. Duval protesta contre un tel accueil. Ses observations ne firent qu'exaspérer le Dey qui s'emporta, et, dans un mouvement de colère, frappa notre consul au visage, d'un coup d'éventail.

— Et que fit alors M. Duval ?

— Il fit part aussitôt à son ministre de l'insulte qui avait été faite, en sa personne, à notre pays. Naturellement, le Gouvernement français s'indigna d'un tel procédé. Et on décida de venger cet affront en préparant la fameuse expédition qui devait nous donner plus tard l'Algérie.

En sortant de la Kasba, l'oncle Paul montra à son neveu l'admirable panorama d'Alger-la-blanche et de sa baie aveuglante de lumière sous le soleil. Mais comme il était près de midi nos voyageurs redescendirent en hâte pour rentrer déjeuner.

II

Les Environs d'Alger

La journée du lendemain fut consacrée à une randonnée en automobile autour d'Alger. Après lui avoir montré en détail le Jardin d'Essai dont les magnifiques allées d'arbres centenaires et les quatre vingts hectares de pépinières et de végétation tropicale firent l'admiration de notre jeune voyageur, l'oncle Paul le conduisit à Mustapha supérieur pour lui faire visiter le Palais d'été du Gouverneur. Émerveillé par le luxe et le confort de cette magnifique résidence, René ne put retenir un cri : “ Mais le Gouverneur est un roi, pour être logé ainsi ! ”

— Oui, tu as raison, répliqua l'oncle Paul. Le Gouverneur ici est presque un roi. Pour tous, en effet, indigènes et colons, il représente le Gouvernement de la France.

*

*   *

Algérie

En quittant Mustapha supérieur, l'automobile gagna El-Biar par une route admirable bordée de riches villas.

Sur un signe de l'oncle Paul, l'auto s'arrête devant une villa d'apparence assez quelconque.

— Je tiens, dit l'oncle Paul à René, à te faire voir cette villa en passant, car elle fut le témoin d'un des faits les plus importants de la conquête de l'Algérie. C'est ici que fut signée le 5 juillet 1830, ainsi que le rappelle l'inscription que voici, la capitulation d'Alger.

— Pourquoi les Français ont-ils pris Alger ?

— D'abord je te l'ai dit, pour venger le Consul Duval et ensuite parce que depuis qu'elle était au pouvoir des Turcs, cette ville ne renfermait que des corsaires qui infestaient la Méditerranée et venaient semer l'épouvante jusque sur les côtes européennes.

— Comment ? Ils osaient aller si loin ?

— Mais oui, il y a moins de cent ans on n'était pas en sécurité sur la côte d'Azur. Les corsaires d'ici y enlevaient encore des femmes et des enfants.

— Pourquoi ne les punissait-on pas, les corsaires ?

— Oh ! nous avions essayé déjà deux fois. Duquesne en 1681 et d'Estrées en 1688 tentèrent avec notre flotte de prendre Alger, mais ils durent y renoncer comme Charles-Quint, en personne, y avait renoncé en 1541 et comme la flotte espagnole avec O'Reilly et la flotte anglaise avec Exmouth y renoncèrent plus tard en 1775 et en 1816. Mais en 1828, après l'inci-

EFFET DE CRÉPUSCULE DANS LE SAHARA.

dent Duval, nous nous fâchâmes. Tout d'abord on essaya d'un blocus.

— Un blocus ?

— Oui, c'est-à-dire que nous cernâmes Alger pour empêcher les corsaires d'en sortir. Mais ce blocus était très coûteux et inutile car les Turcs, se ravitaillant à l'intérieur, pouvaient nous tenir tête. Aussi, après deux ans, une expédition fut-elle décidée. L'Amiral Duperré et le Général de Bourmont en reçurent le commandement. Une flotte fut équipée à Toulon d'où elle partit.

— Elle était nombreuse ?

— Six cents bâtiments.

— Combien de soldats ?

— Plus de trente sept mille.

— Est-ce qu'elle débarqua au même endroit que moi ?

— Oh ! non, de l'autre côté de la baie, à la pointe de Sidi-Ferruch, car le plan était de prendre Alger par le revers.

— Où eut lieu la première rencontre avec les Turcs ?

— A Staouéli, le 19 juin. Ce fut pour notre armée une éclatante victoire qui lui permit d'occuper les hauteurs de Bouzaréa, le point culminant des environs d'Alger que tu aperçois là-bas et où nous passerons tout-à-l'heure. C'est de ces hauteurs que le bombardement d'Alger commença.

— Il dura longtemps ?

— Dix jours.

— Que se passa-t-il alors ?

— Le Dey en eut vite assez et il capitula.

— Alors l'Algérie devint Française ?

— Oh ! non. Alger seulement fut à nous. Mais pour conquérir l'Algérie il fallut une expédition difficile et meurtrière qui dura des années. Je te conterai cela en détail plus tard.

DEUXIÈME LETTRE DE L'ONCLE PAUL

MA CHÈRE SŒUR,—Tu sais que j'ai la décision prompte. Cependant depuis huit jours je prends ma plume dans l'intention de t'écrire cette lettre sans m'y décider tout-à-fait. Je me suis juré que ma faiblesse cesserait aujourd'hui, et je me tiens parole.

J'ai un projet, un gros projet, qui, je te préviens, va t'effrayer et que (je t'en préviens encore) tu accepteras avec plaisir après réflexion.

René va beaucoup mieux et nous pouvons même dire qu'il n'y a plus aucune trace de ce qui t'avait inquiétée. C'est maintenant un gars solide, presque un jeune homme. Il est peut-être un peu moins rose que tu ne le voudrais, mais il a un joli teint cuivré qui est tout-à-fait de mon goût et qu'il doit au beau soleil d'ici.

En attendant ton arrivée, comme nous avons épuisé à peu près tout l'intérêt qu'Alger pouvait présenter pour lui, j'ai l'intention de l'emmener faire un petit tour en Algérie, mais je ne voudrais pas que ce voyage fut un simple voyage d'agrément. Je voudrais en profiter pour orienter ton fils vers un certain avenir et je ne veux tout de même pas le faire sans y être autorisé par toi.

Me voilà donc arrivé, malgré tout ce détour, au moment où il m'est impossible de me dérober plus longtemps et où il faut que je te dise tout. Tiens toi bien.

Voici : Je me demande pourquoi tu ne laisserais pas René en Algérie. Je m'exprime mal. Je veux dire que tu devrais venir le retrouver avec l'idée de t'installer toi-même dans ce pays merveilleux, à côté de René qui s'y fixerait définitivement.

J'ai constaté que mon jeune neveu avait, au fond, peu de goût pour les carrières libérales. Je ne le vois pas bien plaidant pour un mur mitoyen ou demandant l'acquittement d'un apache. Je ne le vois pas non plus faisant tirer la langue à des malades qui mourront tout aussi bien sans qu'il intervienne. Certes, René n'est pas fermé aux beautés littéraires, mais il n'a pas le désir d'augmenter le nombre de nos chefs-d'œuvre par le livre ou par le théâtre. Il ne sera non plus peintre ni sculpteur, et je ne le vois pas davantage enfermé dans un bureau, alignant des chiffres sur des livres de comptabilité.

Au contraire, tout ce qui touche à la nature

l'intéresse vivement. Depuis le peu de temps qu'il est ici il s'est assez développé physiquement pour que je puisse croire qu'il est un homme de plein air. Enfin, pour tout dire d'un mot, je crois que ton fils fera plus tard un excellent agriculteur.

Où peut-il être agriculteur ? Ce ne sera pas sur la terre de France, découpée en morceaux si nombreux et si petits que l'ombre du cultivateur, au soleil couchant, touche la limite de sa propriété. Mais si tu le veux bien, ce sera ici, dans ce pays neuf aux grands horizons, où des colons, établis seulement depuis vingt ans, arrivés avec un capital de quelques mille francs, sont aujourd'hui propriétaires de vignobles en plein rapport et grands comme l'ensemble des propriétés des gens de tout notre canton.

Réponds moi tout de suite.

Nous serons de retour dans un mois.

Je t'embrasse, future Algérienne !

PAUL.

*

* *

Un matin de la semaine suivante l'oncle Paul entra dans la chambre de son neveu et lui tint le discours suivant :

— Mon cher petit, je vois que décidément tu vas de mieux en mieux, ce qui ne m'étonne pas avec le climat si sain et si tempéré de l'Algérie. Voilà bien des jours que tu es arrivé. Tu connais Alger et je ne vois plus rien à t'y montrer. Une idée m'est venue. Puisque tu es ici, pourquoi n'en profiterais-tu pas pour faire un petit voyage en Algérie ? Tu as encore trois semaines à rester avec moi. Veux-tu que nous les consacrions à une visite sommaire mais suffisante de notre beau pays ?

Devant une proposition si inattendue, René qui s'habillait et s'apprêtait à se chausser laissa tomber sa bottine. Mais sa stupéfaction fit aussitôt place à une joie délirante qui se traduisit par des gambades à travers la chambre.

Visiter l'Algérie ! Ah ! oui, il en avait envie ! Depuis son arrivée à Alger il avait été tellement séduit par cet admirable pays si coloré, si lumineux qu'il était hanté d'aller plus loin !

Et voilà que l'oncle Paul allait au devant de ce désir qu'il n'aurait même pas osé formuler !

Tout-à-coup un scrupule le saisit :

— Mais mon oncle, et maman ?

L'oncle Paul sourit.

— Sois tranquille, mon petit, je connais ton cœur et je prévoyais tes scrupules. Aussi ai-je écrit à ta maman pour lui demander l'autorisation nécessaire.

Pour le coup, la joie de René ne connut plus de bornes.

— Ah ! Tonton, Tonton, s'écria-t-il en se jetant au cou de l'oncle Paul, vous avez fait ça ! Oh ! merci, merci. Oh ! oui, alors, je veux partir. Nous irons au Sahara, je veux voir des lions, des tigres, monter à dos de chameau.

L'oncle Paul l'arrêta en riant :

— Hé là ! Hé là ! Comme tu y vas, mon petit. Le Sahara, les lions, les tigres, les chameaux ! Il faudra en rabattre un peu. Je te ménerai cependant un peu au sud de Biskra, si nous avons le temps, et je te donnerai ainsi un avant-goût de ce désert qui est moins agréable que tu ne le crois. En ce qui concerne les tigres, tu n'en verras certainement pas : il n'en reste plus depuis longtemps. Des lions non plus.

— Tartarin les a tous tués ?

— Ah ! tu te rappelles Tartarin ? C'est bien. Il ne reste plus que quelques panthères, et encore ! Quant aux chameaux, si tu montais sur l'un d'eux tu risquerais d'avoir le mal de mer. Mais tranquillise-toi. Je te montrerai plus et mieux que tout cela. Je te ferai connaître Blida, le pays de ces oranges et de ces mandarines dont tu te régales à Paris, Oran, notre grand port de commerce, l'antique Tlemcen, la pittoresque Constantine, Timgad la vieille ville romaine, et Biskra le pays des dattes. Tu auras ainsi une vue d'ensemble de l'Algérie et tu te rendras compte de ce que la civilisation française a fait de ce merveilleux pays qui nous a coûté tant de sang, tant d'argent, tant d'intelligence et tant d'efforts de toutes sortes.

— Mon oncle, se contenta de répondre René, je veux partir tout de suite.

L'oncle Paul éclata de rire.

— Il faut te résigner à attendre jusqu'à demain.

*

* *

Quand, le lendemain matin, sur le quai de la gare d'Alger, René se trouva dans le train qui allait l'emmener à Blida, il eut un cri de satisfaction :

— Mais les trains sont comme en France !

— Cela t'étonne ? lui répondit l'oncle Paul. Tu nous prends donc encore pour des sauvages ? Mais apprends donc que les réseaux des chemins de fer algériens sont très développés et pas si mal desservis qu'on veut bien le dire, sauf peut-être au point de vue de la rapidité. Je t'avoue cependant que ce réseau ci, le réseau Alger – Oran, est le meilleur. C'est d'ailleurs la compagnie P.L.M. qui l'exploite. Évidemment il est fâcheux que l'on mettre douze heures pour franchir les 421 kilomètres qui séparent Alger d'Oran, alors que le rapide Paris-Marseille en met treize pour franchir plus de 800 kilomètres, mais il ne faut pas être encore trop exigeant.

Le train allait partir, la machine sous pression haletait, des employés le long du quai couraient, fermant les portières et criant : " En voiture " comme à Paris ou à Marseille.

La portière s'ouvrit brusquement pour laisser passer deux voyageurs essoufflés, un homme d'âge mûr grand et fort, au teint basané, à la barbe grisonnante, suivi d'un jeune Arabe d'une quinzaine d'années.

— Je croyais que vous alliez manquer notre rendez-vous, dit l'oncle Paul.

Puis après avoir présenté René, il expliqua à celui-ci :

— Mon ami Bourgaud est un des plus grands propriétaires de Blida. Il possède là-bas d'immenses propriétés qu'il cultive avec autant de zèle que d'intelligence.

M. Bourgaud tendit la main à René.

— J'ai connu dans le temps votre pauvre père. C'était un bel officier et un brave homme. Mais permettez-moi de vous présenter mon petit Ali, un jeune Arabe, très intelligent, que j'aime comme un fils. Son père qui fut mon auxiliaire le plus précieux est mort à la tâche l'an dernier, et, en souvenir des services qu'il me rendit, j'ai adopté cet enfant.

Ravi de rencontrer un garçonnet de son âge, René témoigna aussitôt à Ali la plus vive sympathie.

Le train qui, depuis le départ, longeait la baie d'Alger, traversait maintenant une région plate très cultivée et séparée de la mer par des dunes de sable.

— Où sommes nous ? demanda René à son jeune compagnon.

— Dans le Sahel, répondit Ali.

— Qu'est-ce que c'est que le Sahel ?

UN MARABOUT MENDIANT.

— C'est la région du rivage, car Sahel en arabe signifie Rivage.

M. Bourgaud continua :

L'Algérie se divise en trois régions ou zones très distinctes qui se succèdent parallèlement. Eh bien, la région du Sahel est la première de ces zones. Elle est très fertile, d'abord à cause du climat, qui y est très doux, et ensuite parce qu'elle est arrosée.

— Et comment s'appelle la deuxième zone ?

— Le Tell ; elle est également très fertile.

— Qu'est-ce qui la distingue de la première ?

— Elle est plus accidentée.

— Et après le Tell ?

— Après vient la zone des hauts plateaux qui est d'une altitude assez élevée. Cette région est difficilement colonisable, le climat y étant très froid en hiver et très chaud en été. Néanmoins on est parvenu à reculer peu à peu la limite fixée d'abord à la fertilité de l'Algérie et il est probable que l'on réussira à l'éloigner encore.

— Et après les hauts plateaux ?

— C'est le désert, le Sahara, c'est-à-dire rien.

— Comment, rien ?

— Une immensité de sable, avec seulement parfois d'énormes étendues d'alfa si vastes qu'à un endroit c'est comme une mer, " la mer d'Alfa " disent les Arabes.

— Mais pourquoi cette région est-elle si inculte ?

— Parce qu'elle manque d'eau, uniquement, car dès qu'il y a de l'eau dans le désert une magnifique végétation y croit comme par enchantement. C'est ce qu'on appelle alors les Oasis.

— Ah ! oui, des bouquets de palmiers. J'ai vu des images qui représentaient des oasis.

— Des bouquets de palmiers ! s'écria alors M. Bourgaud. Ce sont d'énormes bouquets alors, car dans certaines oasis on compte jusqu'à cent mille palmiers. D'ailleurs, il n'y a pas que des palmiers dans les oasis, mais aussi des céréales, des fleurs et parfois des arbres fruitiers.

— Alors il faudrait amener de l'eau dans le désert !

— On y a bien pensé. Un certain commandant Roudaire, avait eu même l'idée d'y amener, par un canal, l'eau de la Méditerranée pour y créer une mer intérieure. On a ri – comme d'ailleurs on a ri lors qu'il a été question de percer l'isthme de Suez – et on est même allé jusqu'à craindre sérieusement de dessécher la Méditerranée.

Arrivé à une station appelée Maison-Carrée, point de bifurcation des lignes Alger-Oran et Alger-Constantine, le train obliqua vers le Sud et entra dans une immense plaine d'une étonnante fertilité.

— Comme c'est bien cultivé ici ! On se croirait en France, s'exclama René.

— C'est que nous sommes dans la plaine de la

Mitidja, répliqua M. Bourgaud, c'est la région la plus fertile de l'Algérie. Pas depuis longtemps, car avant 1830 il n'y avait ici que des marécages.

— D'où provenaient ces marécages ?

— On pense qu'ici il y eut jadis un golfe marin qui plus tard devint un lac que des alluvions comblèrent : ce qui expliquerait la fertilité exceptionnelle de ce sol qui a aussi l'avantage d'être arrosé par plusieurs torrents provenant des montagnes de l'Atlas dont vous voyez la ligne là-bas à l'horizon.

— Que d'efforts il a dû falloir accomplir pour assainir et défricher cette étendue, car elle est immense cette plaine !

— Cent kilomètres de long ! Presque autant que de Paris à Orléans.

Stupéfait, René se tut un moment contemplant avec admiration ce témoignage inouï du labeur et de l'intelligence de nos colons.

— Remarquez, reprit M. Bourgaud, que toutes les cultures sont pratiquées avec un égal succès dans cette région bénie. Voici des champs de blé, d'orge, de maïs, d'avoine, voici des pommes de terre et des primeurs : voici des arbres fruitiers, et voici enfin des vignobles, les beaux vignobles de Boufarik, avec lesquels les Arabes font d'excellent vin.

— Comment, s'écria René, les Arabes font du vin ? Mais pourquoi puisque le Coran leur en interdit l'usage ?

— Il ne leur défend pas d'en vendre, répliqua M. Bourgaud.

— Et puis, soit dit sans blesser le jeune Ali, ajouta l'oncle Paul en souriant, il y en a bien quelques uns qui boivent du vin. En tous cas beaucoup adorent le champagne. Il est vrai qu'ils ne le considèrent pas comme un vin.

— Oh ! non, s'exclama le jeune Arabe, ce n'est pas du vin, c'est du *gazouss* (de l'eau gazeuse). D'ailleurs le champagne n'était pas inventé du temps de Mahomet, par conséquent le Prophète n'a pas pu nous le défendre !

Cette répartie d'Ali divertit nos voyageurs.

Mais le train entrait en gare de Blida.

La première impression de René en pénétrant dans la ville par l'une des portes dont est percé le mur en pierres qui l'enserre fut délicieuse. Le spectacle de cette petite cité si coquette, si riante, toute blanche au milieu des orangers le ravissait. Il éprouvait une sensation exquise de fraîcheur.

— Jadis, lui dit l'oncle Paul, on l'appelle *Ouarda*, la petite rose. Ce nom était bien mérité ! Et pourtant peu de villes furent aussi éprouvées que celle-ci.

— Comment éprouvées ?

— D'abord, deux tremblements de terre la détruisirent de fond en comble en 1825 et en 1867 et puis nous dûmes la prendre deux fois lors de la conquête et ce ne fut pas sans mal ; car si nous sommes courageux, les Arabes le sont aussi. C'est ce qui explique d'ailleurs, je te l'apprends en passant, pourquoi, les Arabes et nous, nous nous sommes toujours estimés. On se tuait, mais on ne se méprisait pas.

Après le déjeuner l'oncle Paul emmena son neveu visiter le Jardin public et le Bois sacré d'oliviers qui s'étend au sud-ouest de la ville.

René fut plutôt désillusionné par le Jardin public.

— J'aime mieux le Jardin d'Acclimatation, s'écria-t-il.

Mais par contre le Bois sacré avec ses oliviers centenaires et de dimensions gigantesques excita son enthousiasme, car il avait encore présents dans son souvenir les oliviers rabougris entrevus par la portière du wagon lorsqu'arrivant de Paris il avait traversé la Provence.

— C'est que, lui expliqua l'oncle Paul, l'Algérie et la Tunisie semblent être la terre de prédilection de ces arbres. Nulle part, en effet ils n'atteignent un développement pareil. Ils sont d'ailleurs une des sources de revenus les plus sûres de l'Algérie.

... Le soir tombait, l'oncle Paul et René reprirent le chemin de Blida. Il faisait presque nuit quand ils arrivèrent chez M. Bourgaud qui, aidé d'Ali, leur fit les honneurs de sa maison avec la plus touchante cordialité.

Algérie

III

Le Ruisseau des Singes – La Chiffa

Le lendemain matin à la première heure, nos voyageurs partirent pour les pays de la Chiffa dans une confortable voiture appartenant à M. Bourgaud. Le temps était merveilleux, la ligne de l'Atlas se profilait avec une extraordinaire netteté sur le ciel d'un bleu immaculé; une fraîche brise du nord caressait la plaine inondée des feux du soleil levant, des vols d'hirondelles passaient, repassaient rasant la route toute blanche puis, remontaient tout-à-coup dans l'azur.

René, ébloui, admirait ce magnifique paysage dont la douceur sereine lui rappelait la France avec quelque chose de plus pourtant et qu'il ne pouvait définir.

Après avoir ainsi traversé d'immenses cultures merveilleusement entretenues, des orangeries odorantes, la voiture entra dans une région de vignobles magnifiques s'étendant à perte de vue.

— Regardez bien ces vignes, lui dit alors M. Bourgaud, regardez les bien, jeune homme, car elles sont un bel exemple, comme toute la Mitidja, de ce que peut l'opiniâtre labeur des hommes. Jadis – il y a longtemps, très longtemps, vers 1725 – il y avait aussi des vignobles ici, moins beaux certes mais qui produisaient un vin très réputé constituant la plus grande richesse de la région. Une invasion de sauterelles (*djerod*, comme les appellent les Arabes) une invasion terrible s'abattit sur ce pays et détruisit tout. Les belles vignes furent dévorées jusqu'aux ceps. Découragés, les Arabes n'avaient plus osé en planter. Nous sommes venus et nous avons patiemment reconstitué le vignoble que voici.

— Et si elles revenaient, les sauterelles ! s'écria René.

— Oh ! nous nous défendrions. Car nous savons nous défendre maintenant contre ce fléau.

— Ce doit être effrayant !

— Partout où ces horribles bêtes ont passé, il ne reste plus un brin d'herbe. C'est la ruine.

— Comment arrivent-elles ?

— Comme la grêle. De loin on voit un petit nuage noir qui avance rapidement. Il grossit, grossit, puis tout-à-coup éclate sur une région en une nuée de criquets qui recouvrent le sol d'une nappe grouillante.

— Et comment peut-on se défendre contre cette invasion ?

— Ah ! vous n'imaginez pas combien le désespoir a rendu les Arabes et les colons ingénieux et courageux ! On lutte contre les criquets comme contre des hommes, on leur dispute le terrain pied à pied. Dès qu'ils sont signalés, on creuse d'immenses tranchées, on dresse des barrières de toile et de bois, puis on les écrase avec les pieds, avec des bâtons, on les brûle.... C'est la plus angoissante et la plus acharnée des luttes. Et tant que l'ennemi n'est pas anéanti nul ne pense à manger ou à dormir car en défendant son sol c'est sa propre vie qu'il défend.

La voiture maintenant montait au pas, suivant une route extrêmement pittoresque, tantôt prise sur le lit même du torrent, tantôt creusée dans le flanc du rocher.

— Ah ! la belle route ! s'écria René. Où va-t-elle ?

— Vers l'infini, mon petit, vers le mystère du désert, mais vers Laghouat d'abord, Laghouat, notre centre militaire le plus important du sud algérien que le maréchal Pélissier, un des héros de la conquête, enleva d'assaut le 4 décembre 1852 après un siège des plus sanglants.

— Oh ! mon oncle, racontez-moi cela.

— Te le raconter ? Je m'en sens incapable, car un homme, un de ceux qui ont le mieux compris et le mieux exprimé l'Algérie, le peintre Fromentin, a narré ce siège en des termes définitifs. Il faudra que tu lises *Un été dans le Sahara*, c'est un livre admirable. Je te le prêterai.

... Tout-à-coup, un indigène qui se tenait assis sur le bord de la route s'élança au devant de la voiture en désignant avec force gestes un bouquet d'arbres et en criant :

UN CAMP DE NOMADES.

Le Ruisseau des Singes – La Chiffa

— M'sieu ! les singes ! les singes !

René sursauta, ahuri.

— Ce brave homme nous indique qu'il y a de ce côté des singes, car nous voici bientôt au *ruisseau des singes*, expliqua M. Bourgaud.

— Mais il ne faut pas le croire, répliqua en souriant Ali, car s'il y a eu des singes ici jadis, il n'y en a presque plus aujourd'hui.

M. Bourgaud offrit à ses compagnons de route de se réconforter à l'auberge du Ruisseau. Mais René insista pour aller d'abord voir les singes, car, pour lui, qui n'avait jamais vu que les singes des jardins zoologiques dans leurs cages étroites, rien n'était plus tentant que de voir ces animaux si comiques, en liberté.

Il fut bien déçu. En vain fouilla-t-il du regard les branches, les rochers, le lit du ruisseau, aucun quadrumane ne se montra.

— Mais enfin, mon oncle, finit-il par s'écrier dépité, pourquoi n'y a-t-il pas de singes ?

— C'est qu'il n'est pas encore dix heures, répliqua gravement l'oncle Paul après avoir consulté sa montre. Ce n'est qu'après dix heures, qu'on lâche quelques singes domestiqués pour les montrer aux touristes.

A ces mots, M. Bourgaud ne put retenir un éclat de rire.

René comprit alors que son oncle plaisantait.

— Ah ! mon oncle, vous vous moquez de moi, c'est mal, dit-il.

— Allons, ne te fâche pas, répondit l'oncle, si tu veux voir des singes, viens à l'auberge avec nous, il y en a beaucoup, il est vrai qu'ils ne sont pas vivants, mais peints – et avec quelle fantaisie – sur un mur. Enfin, ça sera toujours ça, et, du moins, tu ne pourras pas dire que tu n'auras pas vu de singes au Ruisseau des Singes.

*

*   *

A l'aller les voyageurs avaient visité les gorges de la Chiffa.

Quand on fut entré dans l'immense coupure qui forme les gorges célèbres, René fut stupéfait par la grandeur sauvage du site qui s'offrait à ses yeux comme un décor de théâtre.

— Ici, il faut nous recueillir un instant, dit alors d'une voix grave, M. Bourgaud, après avoir fait signe au cocher d'arrêter la voiture. Nous sommes en effet sur le théâtre d'un des plus beaux faits d'armes de la conquête. C'est ici, en effet, que les ducs d'Orléans et d'Aumale, à la tête de leurs colonnes, rencontrèrent les forces que notre célèbre ennemi l'émir Abd-el-Kader avait concentrées, tenant ainsi en son pouvoir toute la région. En voyant ce passage étroit on se rend compte aisément de ce que dut être ce combat acharné où chaque rocher fut énergiquement disputé à l'adversaire. Des milliers de braves tombèrent ici, mais la victoire fut le prélude du triomphe définitif. Et c'est ici aussi que le père d'Ali fut tué.

René silencieux, contempla longuement le paysage, essayant de reconstituer cette lutte épique ; des larmes montèrent à ses yeux. Instinctivement, il se retourna vers Ali. Celui-ci comprit, et devenu pâle un peu : " Les Français sont grands ! " dit-il simplement d'une voix ferme.

Alors, sans mot dire, le petit Français se pencha vers le petit Arabe, et les deux enfants s'embrassèrent.

Émus par ce spectacle les deux hommes se regardèrent.

— Ah ! si les deux peuples pouvaient faire comme ces deux enfants ! s'exclama l'oncle Paul.

— Cela viendra, affirma M. Bourgaud.

— Oui, mais quand ?

— Quand ces deux peuples se connaîtront tout-à-fait et quand nous, nous aurons fait tout notre devoir.

DEUXIÈME PARTIE

Un mois plus tard, dans la petite maison de l'oncle Paul à Alger, trois convives heureux étaient attablés devant un plat de Kouskous dont René donnait gravement la recette à sa mère débarquée depuis huit jours déjà.

Ce peu de temps avait presque suffi pour que l'Algérie fit la conquête de Mme Davennes. Et en effet cette mère était profondément reconnaissante au beau pays auquel elle avait donné un enfant souffreteux et qui lui rendait presque un jeune homme. Le mot " presque " n'eut pas été du goût de René qui s'efforçait de tirer pour les allonger sur les poils naissants d'une moustache qu'il affirmait, mais que ses yeux seuls et ceux de sa mère parvenaient à distinguer.

*

*   *

Je renonce à décrire la joie de la mère et du fils lorsqu'ils s'étaient retrouvés. L'oncle Paul n'avait pu assister à l'arrivée de Mme Davennes soit que réellement il en eut été empêché par ses affaires, soit que, par bonté délicate, il ait voulu laisser à René l'orgueil et la joie de recevoir sa mère sur la terre algérienne.

Longtemps, bien longtemps avant même que le paquebot qui amenait Mme Davennes fut signalé, René était sur le quai. Il songea qu'il verrait mieux de plus haut et grimpa quatre à quatre les escaliers du Boulevard de la République qui le conduisirent sur cette admirable terrasse dominant la mer et qui semble un grandiose balcon commun à toutes les maisons d'Alger.

D'abord il crut distinguer à l'horizon une fumée, mais c'était une erreur à la fois de son cœur et de ses yeux. Puis le sémaphore lui donna la certitude que le bateau était en vue. Lorsqu'il le distingua enfin, René fut très ému à la pensée que ce point noir si lointain, si petit dans l'immensité du ciel et de la mer, perdu, comme un grain de sable dans le désert, renfermait ce qu'il avait de plus cher au monde. Ah ! que le bateau lui paraissait avancer lentement et comme sa jumelle (qui était excellente) lui paraissait sans puissance !

...Une heure plus tard, René, après de longues embrassades, paraissait sur la passerelle qui reliait au quai le paquebot encore essoufflé. Il donnait le bras à Mme Davennes – comme un homme – et il sentit son cœur battre avec plus de force lorsqu'il vit le pied de sa mère se poser sur la terre d'Algérie.

La maman souriait, René souriait aussi. Il était

très fier, il faisait gentiment l'important ; il tutoyait les Arabes, à la grande surprise de sa mère ; il les commandait, il distribuait les colis au milieu des cris des cochers, des appels des portefaix qui contribuaient avec les sifflets et les coups de sirènes des bateaux à rendre plus ahurie la Française nouvellement débarquée.

On les regardait avec sympathie, et les mères qui les voyaient et qui remarquaient que tous deux avaient les yeux rouges savaient bien que ce n'était pas de chagrin qu'ils avaient pleuré.

*
*   *

Au moment où nous les retrouvons devant le Kouskous pimenté, Mme Davennes était à Alger depuis une semaine et René lui en avait fait les honneurs. La maman n'était pas encore revenue de sa surprise à entendre son fils parler avec tant d'intérêt, à le voir si à l'aise. En effet, René avait acquis une valeur plus grande, car *il avait voyagé* ; et, depuis son arrivée, il avait appris plus de choses qu'en de longs mois d'études. Comme son esprit, son corps s'était merveilleusement développé. Il était tout autre et beaucoup mieux que ses petits camarades de son âge laissés en France à l'ombre du clocher, sous les regards des professeurs tristes et taquins, trop souvent ennemis de ceux qu'ils instruisent par métier.

Mme Davennes avait été peu à peu gagnée par

les arguments de son frère et elle semblait maintenant prête à accepter l'idée de se fixer en Algérie. Cependant quelques hésitations la retenaient encore. Elle doutait du succès. Lorsqu'elle exprimait ses doutes, l'oncle Paul s'exclamait et devenait lyrique.

— La terre, vois-tu, s'écriait-il, la terre algérienne surtout n'est jamais ingrate. Elle ne ruine que ceux qui ne l'aiment pas. Elle récompense largement ceux qui lui donnent tout leur courage et tout leur travail.

Ah ! tu peux m'en croire, l'Algérie est une belle preuve de l'énergie française ! Un grand nombre de fautes ont été commises, et graves, je le sais ; mais le résultat est là : ce pays, inculte et barbare il y a cent ans, fait aujourd'hui avec la France un commerce dont l'importance s'élève à un milliard de francs.

Ah ! nous vous en donnons des choses ! Du vin, nous en produisons huit millions d'hectolitres par récolte. Nous avons trois millions de palmiers pour agrémenter de dattes vos desserts monotones. Les figues ? il y a dix ans, nous en produisons vingt mille quintaux ; nous en produisons cent vingt mille aujourd'hui. Nos oliviers vous donnent de l'huile, assez pour assaisonner toutes vos salades ; les palmiers nains qui meurent de tristesse dans vos salons sont ici en nombre si grand que sans le diminuer nous pouvons en faire du crin végétal pour les matelas de ton département pendant dix ans. Dans le désert, il y a l'alfa, une mauvaise herbe : on en fait du papier pour des journaux anglais. Nous vous envoyons chaque année un troupeau de moutons qui compte, sais-tu combien de têtes ? Environ un million et demi, c'est-à-dire de quoi distribuer plusieurs côtelettes à chaque habitant de Paris. Des moutons que nous mangeons, nous vous envoyons les peaux et aussi des peaux d'agneaux et de chèvres. Nos récoltes de blé augmentent incessamment. Nous produisons des orges, des avoines, des caroubes, des pailles, des fourrages, du tabac, du coton ; car nous allons faire du coton et si bien que l'Inde s'en inquiète déjà. Nous vous envoyons du vin pour remplir vos bouteilles et du liège pour les boucher. Nous vous envoyons du fer, du plomb, du cuivre, du zinc, de l'antimoine, et des phosphates à fertiliser tous vos champs ; des fruits, des légumes, des pommes de terre, du raisin et des primeurs pour vous faire patienter en attendant les récoltes tardives et mesquines de votre sol glacé, paresseux et vieilli.

Et enfin, termina l'oncle Paul d'une voix attendrie, il y a, entre Alger et Blida, un tout petit coin de terre qui fournit quatre cent mille kilogs de fleurs d'oranger, c'est-à-dire de quoi faire assez de bouquets symboliques pour orner les corsages de toutes les mariées de France.

*

* *

L'oncle but un trait de vin rosé et continua :

GORGES DU RUMMEL À CONSTANTINE.

— Et cela dans quel pays ? Dans un pays si voisin et si semblable à notre patrie qu'un Français du sud de la Loire y est moins dépaysé qu'un Flamand ne l'est dans la vallée du Rhone.

Et puisqu'il redevient à la mode d'avouer son patriotisme, je puis bien vous dire que nous pouvons être fiers d'avoir tiré tout cela d'un pays encore stérile et barbare il y a quatre vingts ans.

Et comprends-tu, René, comprends-tu combien il faut que notre effort ait été puissant pour avoir donné ce résultat malgré toutes les fautes et les sottises que nous avons commises, malgré l'incertitude de notre politique à l'égard des indigènes, malgré les changements fréquents de notre politique générale ? C'est que, vois-tu, l'Afrique a été fertilisée par l'effort des meilleurs et des plus humbles. Je vais te raconter une petite histoire, deux petites histoires qui t'en donneront l'idée.

Le Soldat-Laboureur

Il y a quelque temps, j'avais pris une voiture pour aller de Biskra vers Touggourt. A partir de Biskra c'est le désert, le désert de sable parsemé seulement de loin en loin de points d'eau. Mais ces points peuvent être séparés l'un de l'autre de deux cents kilomètres pendant lesquels ne s'offre aux yeux que la vue monotone d'une plaine de sable dans laquelle il est impossible de tracer une route, car le moindre coup de vent la recouvre et l'efface bientôt.

De Biskra vers Touggourt on ne se dirigeait alors qu'en suivant la ligne des poteaux télégraphiques, et la voiture où j'étais, attelée d'un cheval maigre et d'une jument à peu près valide creusait des ornières dans le sable mouvant et peinait pour céder aux efforts de mon attelage essoufflé.

A un certain moment, voici que nous rattrapons un équipage bizarre, une espèce de voiture à bras attelée d'un méchant bourriquot et surchargée de deux ou trois petits dattiers et d'un jeune olivier dont les racines étaient enveloppées dans une grosse motte de terre. Le bourriquot s'était arrêté, à bout de force, et restait immobile, comme s'il eut été insensible aux coups de manche de fouet dont il était accablé. Je n'y puis tenir et je descendis de voiture pour reprocher au méchant conducteur sa brutalité.

Je vais vous dire tout de suite que cet homme devint plus tard mon ami, et je te conduirai chez lui, mon cher René. Mais nos premiers rapports furent dénués de politesse, et tant, que nous fûmes sur le point d'échanger des coups :

— Votre patron, lui dis-je, est un misérable.

— Espèce d'imbécile, me répondit-il, si vous croyez que je me donnerais ce mal pour un patron, il faut que vous soyez vraiment un nouveau débarqué !

Cette phrase me donna de l'intérêt pour mon interlocuteur.

— Alors, expliquons nous, lui dis-je.

Nous nous expliquâmes en effet autrement que par des coups ce qui vaut beaucoup mieux quand on a le désir de s'entendre plus tard.

Cet homme avait fait son service militaire à Biskra et il avait entendu dire que quelqu'un qui serait assez heureux pour découvrir dans les environs, en creusant la terre, une petite source, découvrirait pour ainsi dire une fortune, car il obtiendrait facilement la concession du désert avoisinant, désert que des travaux peu coûteux transformeraient bien vite en une terre fertile.

Le dimanche donc, notre ami, en compagnie d'un camarade de son bataillon, partait en excursion avec une pioche démontée que les deux gaillards cachaient sous leurs vêtements.

Une fois hors de vue ils creusaient un peu au petit bonheur. Ils persévérèrent jusqu'à ce qu'ils eussent enfin trouvé du sable humide. Ils gardèrent secrète leur découverte. A leur libération du service militaire, ils firent une demande de concession et l'ayant obtenue, ils rentrèrent en France, dans le département du Loir-et-Cher dont ils étaient originaires. Ils allaient au village natal rassurer les *promises* qui les attendaient et leur demander d'avoir confiance en eux six mois de plus. Cela fait, ils revinrent dans le désert.

Le loi est telle que le Gouvernement n'accorde la

concession que du terrain d'abord enclos. Vous devinez alors quelle énergie sauvage, quelle puissance de travail dépensèrent ces deux hommes puisque la dimension de leur propriété dépendait de la quantité de terrain qu'ils réussiraient à enclore pendant un temps donné, c'est-à-dire de cette énergie et de cette puissance de travail. Ils élevèrent donc un mur, à la façon de ce pays, aussi grand, aussi long qu'il leur fut possible. Ils plantèrent de dattiers l'espace ainsi limité, ils revinrent en France pour s'y marier et ramenèrent leurs jeunes épouses dans la propriété si péniblement et si noblement acquise.

Mais lors de ma rencontre avec le nouveau colon les dattiers ne rapportaient pas encore. Nos hommes allaient donc faire des journées à Biskra pour y gagner leur vie et ils avaient acheté cet olivier que l'un d'eux transportait à grand peine, auprès de leur maison qui venait d'être achevée.

Cette histoire m'émut, comme vous devez bien le penser. Or je partage le sentiment de cet Américain qui disait : " Celui qui attend qu'on le porte ne mérite pas d'être porté. Mais on doit toute aide à celui qui s'épuise en efforts." Je prêtai donc un des chevaux de ma voiture à ce soldat-laboureur qui m'en remercia tant et si bien que, ainsi que je te l'ait dit, nous continuâmes nos relations dans des conditions d'amitié que nos tout premiers rapports ne semblaient pas nous permettre d'espérer.

Le Village de Tassin

Un bel Effort français : le Village de Tassin

Je vous avais promis deux histoires, voici la seconde :

Il y avait une fois, dans le département de la Savoie, arrondissement de St. Jean de Maurienne, un petit village nommé Hermillon dont les habitants étaient réduits à la plus profonde misère par suite des ravages que le mildew avaient causés dans leurs vignobles.

C'était en 1888.

Un dimanche, ces malheureux ressassaient entre eux leurs plaintes et récriminaient contre le sort qui ne leur donnait pas de quoi nourrir les nombreux enfants dont chaque famille s'était imprudemment pourvue.

Un jour, l'un d'eux, sans bien savoir pourquoi, laissa tomber ces mots au milieu du silence général :

— Faudrait aller aux colonies.

Le mot de " colonies " pour ces braves gens, désignait vaguement des pays lointains où l'on faisait fortune en deux ans si l'on n'y mourrait pas en huit jours.

Mais ces mots leur avaient apporté un peu de rêve.

L'instituteur, M. Serain, fit mieux que de rêver. Il précisa d'abord que la colonie la plus accessible était la prochaine Algérie, puis il chercha dans la modeste bibliothèque du chef-lieu d'arrondissement les quelques indications qui pouvaient s'y trouver. Il écrivit ensuite à Paris.

Cela dura six mois peut-être. Mais après ce temps, pendant lequel, à chaque veillée, les paysans avaient fait des projets d'avenir, l'instituteur savait que dans le département d'Oran, près d'un village nommé Guiard, il était possible d'obtenir la concession gratuite d'un territoire assez important. Nos Savoyards eurent l'idée d'envoyer une délégation sur place afin d'étudier les conditions de leur établissement futur.

Lorsqu'ils apprirent leur projet à leurs femmes, vous devinez comment ils furent accueillis, par quels reproches, quelles clameurs, quelles résistances, quelles injures, le tout se fondant à la fin en un déluge de larmes.

Tous ces détails et tous ceux que je vais vous raconter encore je les tiens de l'un d'eux, nommé Jean-Baptiste Mollard, que j'ai vu l'année dernière.

Je n'enlèverai aucun intérêt à cette histoire absolument authentique en vous disant tout de suite que nos paysans ont réussi et que le village qu'ils ont fondé et qui s'appelle Tassin est aujourd'hui en pleine prospérité. Nous irons le voir, René. Il est situé entre Sidi-bel-Abbés et Tlemcen. Le père Mollard (comme il aime être appelé) me racontait, non sans quelque légitime fierté, tout ce que lui et ses compagnons eurent à souffrir au début.

— Ah ! mon pauvre monsieur, me disait-il, nos

femmes nous demandaient si nous voulions nous faire manger par les sauvages.

— Et votre femme à vous, père Mollard ?

— La mienne, monsieur Paul, la mienne, elle est là. Vous allez la voir. Elle vous fera goûter notre vin rosé.

— Elle s'est décidée ?

— Oui, par force.

— Et maintenant ?

— Eh bien, dit-il, s'il a fallu deux paires de bœufs pour l'amener ici, vingt quatre paires ne réussiraient pas à la ramener en Savoie.

Je reviens à notre histoire. Ainsi que je vous l'ai dit ; nos paysans décidèrent qu'un certain nombre d'entre eux se rendraient sur place, en délégation, pour se rendre compte, par eux-mêmes, des chances de succès. Il s'en trouva dix pour s'y risquer et chacun d'eux apporta une mise de fonds de quarante francs. Vous supposez qu'ils ne voyagèrent pas en cabine de luxe ni même en 1ère classe.

Ils n'avaient jamais vu la mer. Eh bien, leur tension d'esprit vers le but fixé était telle qu'ils n'ont gardé aucun souvenir de leurs impressions de traversée.

Sous la conduite de leur instituteur M. Serain, qui avait demandé un congé de six mois, ils arrivèrent à Tassin le 15 décembre 1889.

Ici l'oncle Paul se leva, alla vers sa bibliothèque et revint avec une petite brochure en disant :

— Je vais laisser parler l'instituteur lui-même qui a écrit un trop court récit de cette belle aventure. Écoutez les quelques extraits que je vais vous lire dans cette petit plaquette éditée lors de l'Exposition de 1900 et absolument introuvable aujourd'hui.

•

" Ce fut, dit l'instituteur, un moment inoubliable que ce premier contact avec ce coin de terre où nous étions appelés, désormais, à vivre et peut-être à mourir, et que nous avons préféré à notre vieille Savoie sans même le connaître.

" Le temps, pluvieux depuis plusieurs jours, semblait vouloir se brouiller à nouveau. De gros nuages noirs couraient au ciel, projetant sur le sol leur grandes ombres rapides qui obscurcissaient l'atmosphère.

" L'appréhension de l'orage qui menaçait d'éclater bientôt sur nos têtes sans abri, la tristesse qui se dégageait de ce paysage uniformément vert qui nous poursuivait depuis Taffaman, nous serrait le cœur.

" Quoi ? Il n'y avait donc pas une seule parcelle de terre libre dans ce pays ? Partout la broussaille s'était emparée de la terre et à la voir si vivace, l'étreignant si étroitement, suivant, comme une mousse gigantesque, toutes ses aspérités, je sentais bien qu'elle était la maîtresse souveraine et je devinais qu'elle serait l'ennemie tenace avec laquelle il faudrait compter à l'avenir.

GORGES D'EL KANTARA.

Le Village de Tassin

“ Nous avions quitté les Alpes, découragés par le combat inégal et vain, que, depuis des années, nous menions contre la neige ; et voilà que l’ironique destin nous ramenait, par de là les mers, en présence d’un autre adversaire aussi terrible.

“ Mais qu’importait la lutte à des esprits audacieux pour lesquels les difficultés ne sont qu’un utile stimulant, une variété dans la monotonie de l’existence.

“ Devant nous s’étendait un petit plateau dénudé, d’une vingtaine d’hectares environ, formant une énorme tache jaune au milieu de l’immense verdure environnante.

... “ D’apparence humaine on n’en apercevait pas. Quelques gourbis, dispersés de ci, de là, laissant échapper de leurs toits une légère fumée, permettaient néanmoins de deviner qu’un certain nombre de colons, en dehors de nos compatriotes, avaient dû déjà arrivés. C’était Tassin.

... “ M. Bonnaure, le plus ancien colon de l’endroit, celui-là même qui s’était établi dix-huit ans auparavant auprès du puits d’Hassi-Zehana, à un kilomètre du village, voulut bien m’offrir une hospitalité, que je n’oublierai pas, bien qu’elle me rappelle des souvenirs plutôt drôles.

“ Sa maison n’étant pas très grande, il nous donna ce qu’il avait de disponible. Eh dame, ce n’était pas précisément un palais. C’était tout simplement une ancienne écurie qui devait nous tenir lieu, pendant plus de trois semaines, de chambre à coucher pour ma femme, mon garçonnet et moi.

" Quelques doigts de paille, étalés devant une mangeoire vide, nous permettaient de reposer nos membres fatigués ; des sacs suspendus faisaient l'office de rideaux et nous protégeaient, – oh ! si peu – contre les rafales alors terribles du vent d'Ouest, le froid, la pluie et les rayons de la lune.

" Mais à quoi eut servi de récriminer ? C'était trop tard. Du reste, mes pauvres compatriotes n'avaient-ils pas aussi leurs petites misères et cependant ils ne se plaignaient pas, encore qu'ils fussent plus mal partagés, avec leur gourbi étroit sans lumière et sans air.

" Ne leur advenait-il pas souvent d'être obligés de se lever subitement, au milieu de la nuit, alors qu'ils dormaient paisiblement, rêvant sans doute à la fortune ou au pays, pour aller quérir au loin une poignée de diss et boucher les gouttières produites par les pluies torrentielles qui tombaient presque constamment depuis leur installation.

... " Dès la fin de Janvier, les colons, désormais pourvus d'un abri provisoire mais sûr, songèrent à se construire une maison simple et commode et à défricher leurs champs pour pouvoir les cultiver ensuite.

... " Tandis que certains colons, transformés en maçons, plus ou moins habiles, s'utilisaient courageusement, sous la haute direction de professionnels, d'autres surveillaient le travail des gâcheurs espagnols et indigènes mêlant la paille menue aux tuf extrait de la terre déblayée, ou s'occupaient à décharger les pierres, que des tombereaux, conduits par des parents, des frères, des fils, des compatriotes, rapportaient de la carrière que l'administration avait eu antérieurement la précaution d'aménager.

... "Pendant toute cette période de travail, l'animation fut grande au village.

... "Les rues surtout, continuellement parcourues par de nombreux équipages, présentaient un aspect bruyant et mouvementée. Elles retentissaient du matin au soir d'un sourd roulement mêlé de grincements de roues, de cris de charretiers, de tintements de grelots des multiples attelages qui s'entrecroisaient apportant les uns des charges de pierres, les autres des matériaux de toutes sortes."

Six mois après l'arrivée des Savoyards, à la place d'un endroit couvert de broussailles, s'élevaient une centaine de maisons renfermant près de trois cents habitants, et le 14 juillet 1890 la population de Tassin fêtait le 101ème anniversaire de la Révolution française.

L'oncle Paul avait les yeux singulièrement brillants lorsqu'il continua en ces termes :

— Vous savez qu'à Paris, le 14 juillet et *la Marseillaise* m'agacent un peu. Cependant je vous assure que j'aurais crié de bon cœur " Vive la France ! " et " Vive la République ! " si j'avais eu l'honneur d'être avec ces braves gens, pour fêter un 14 juillet qui méritait bien, celui-là, le nom de Fête Nationale.

Et bien des victoires sanglantes célébrées avec plus d'ostentation et plus d'éclat ne valaient pas la belle victoire pacifique remportée par quelques paysans français qui avaient obscurément dépensé plus de courage qu'il n'en faut pour mourir sur un champ de bataille.[1]

[1] Cette histoire est absolument authentique et les noms du village pas plus que celui de l'instituteur et du père Mollard n'ont été modifiés par l'auteur. Tassin, en 1912, comptait 1155 habitants cultivant trois mille hectares de céréales et cinq cents hectares de vignes.

TROISIÈME PARTIE

René et sa mère, en compagnie de l'oncle Paul, visitèrent l'Algérie tout entière.

Ils virent Constantine, l'étrange Cirta bâtie sur un rocher, sur un rocher entouré par un torrent qui coule à deux cents mètres plus bas que le sol de la ville, au bas de murailles verticales qui font une citadelle naturelle ; ils virent El-Kantara, et rendirent visite, au Sud de Biskra, au colon dont l'oncle avait conté la belle histoire.

Ils allèrent à Oran, la ville des grandes fortunes, ils allèrent à Tlemcen, Tlemcen la Royale aux beaux monuments ; ils virent Tassin et le père Mollard. Tout près de Tassin ils visitèrent la petite école de tapis arabes pour les petites filles indigènes.

Mme Davennes tint un journal de voyage ; il fut malheureusement perdu par accident et l'on n'en put retrouver que ces quelques pages :—

Un Mariage dans la Ville arabe

Fragment du journal de Mme Davennes. 8 Avril

On nous propose d'aller dans la ville arabe, rendre visite à Tita, une jeune juive du peuple qui va se marier prochainement. Nous acceptons avec joie.

Un escalier en pierre, aux marches hautes et inégales, monte, tout droit comme une échelle, de la rue à la terrasse. Nous le gravissons au milieu d'une douzaine d'enfants peu vêtus, mal mouchés, qui nous saluent d'un “ Bonjour, bonjour,” difficilement prononcé. Leur teint bistré, les loques jaunes ou blanches dont ils sont couverts, leur regard rêveur les différencient des nôtres, plus bruyants.

Tita nous attend dans une des pièces qui donnent sur la terrasse. Le mobilier de cette chambre blanchie à la chaux et beaucoup plus longue que large, se compose d'un canapé d'acajou, une de ces vieilleries qui n'arrivent jamais à devenir des antiquités, d'un lit de fer et d'une commode sur laquelle trône une odieuse pendule dorée, sous globe. Rien d'exotique, comme on voit.

Tita est assise à l'orientale sur le canapé de concierge parisienne, et des jeunes filles, ses amies, sont alignées à côté d'elle dans la même attitude. Des vieilles femmes au teint bistré, grands yeux noirs, longues dents que les lèvres découvrent trop dans le sourire, portent le pantalon blanc collant.

Il en vient de plus jeunes, jolies ou pas, mais toujours distinguées par l'éclat des grands yeux noirs. Leur buste disparaît dans l'ampleur d'une veste large, blanche ou jaune, verte ou rouge. En voici une, coiffée d'un bonnet pointu, semblable aux hennins des " honnestes dames " d'antan, mais moins haut. Les enfants morveux se glissent silencieusement entre nos jambes, s'y insinuent, nous regardent, et regardent surtout Tita, la reine du jour.

Pas coquette, la reine du jour : ses mains salies de henné ressemblent à celles des éplucheuses de noix de notre pays. Elle est empaquetée dans un costume blanc sale : c'est, paraît-il, conforme aux traditions ; pendant ces jours qui précèdent la cérémonie, la fiancée ne doit rien faire. Elle ne devrait pas parler non plus, mais Tita a été occupée dans des familles de colons, et elle paraît savoir que ces obligations là ne sont pas pour elle. Elle s'exprime facilement en français et ce n'est point sans une certaine surprise qu'on l'entend déclarer :

— J'en ai plein le dos, vous comprenez !

Elle nous montre ses costumes. Quel clinquant, grand Dieu ! Les étoffes blanches sont brodées d'argent : les autres étoffes sont brodées d'argent ou d'or ; il y a là des chemises longues comme un gilet de flanelle et transparentes comme une toile d'araignée. On fait remarquer à Tita qu'elle ne marchera pas dessus ; elle répond pudiquement qu'elle porte sous cette chemise un maillot... couleur chair. Il y a aussi des pantalons jaunes et roses, brodés d'or, naturellement. Ceux-ci ne sont pas collants : Tita en déplie un et ses deux bras étendus ne suffisent pas à le tendre dans sa largeur. Tita peut engraisser. Il y a aussi des gandouras et des foutas, des chaussettes roses et des sabots qui font penser aux chaussures des chinoises.

Et après nous avoir fait assister à tout ce déballage de costumes d'hippodrome, aux tons éclatants, Tita, qui a entendu parler les dames françaises, nous dit :

— Et vous voyez, pas de couleurs vives, ni rouge, ni vert.

Elle nous explique que les cérémonies du mariage israëlite durent plus d'un mois et nous invite à l'une d'elles qui aura lieu le soir, à la nuit.

Nous ne manquons pas de nous y rendre. Nous regrimpons le même escalier raide et droit, et les yeux noirs des enfants, des femmes et des jeunes filles sont plus nombreux et plus brillants.

Le ciel, d'un bleu profond, est plein d'étoiles ; nous avons vivement l'impression d'être dans un autre pays, au milieu d'êtres différents de nous, et c'est là la sensation la plus exquise que je connaisse.

On nous fait pénétrer dans la pièce où nous sommes entrés le matin. Tita n'y est pas. Elle est dans une autre des chambres qui s'ouvrent sur la terrasse et dans laquelle se font des prières auxquelles on ne nous laisse pas assister. Mais pour nous faire patienter, on nous envoie les trois musiciens de la noce. Ce sont

FEMME PEIGNANT LA LAINE.

des juifs, naturellement, vêtus de la petite veste bleue et de la culotte bouffante. L'un aveugle, affreusement marqué par la petite vérole, joue de la guitare, un autre du tambourin ; un autre porte un instrument qui a vaguement la forme d'une cruche, et dont il joue en la couchant sur sa jambe et en frappant de la main sur le fond sonore.

Je me réjouis : Nous allons entendre de la musique " qui ne se trouve pas sur tous les pianos."

On commence.

Dès les premières mesures je me retiens pour ne pas crier de colère. Savez-vous ce qu'ils nous jouent, les musiciens bariolés, sur leurs instruments bizarres, dans ce décor d'Orient ?

Ils ont voulu nous faire honneur, et il nous font entendre... *la Marseillaise.*

Mais bientôt, ma contrariété s'atténue et disparait. C'est qu'ils ont si gentiment déformé le rythme et la mélodie de l'hymne national qu'ils en ont fait une chose nouvelle, bien à eux, en harmonie avec les costumes d'alentour, avec les grands yeux noirs et le ciel étoilé de ce coin d'Afrique.

Ils ne l'ont pas transposé dans le mode mineur, comme on s'est amusé à le faire, mais ça et là, des notes bémolisées, sont plus plaintives et le mouvement s'est alangui, attendri, énervé pour ainsi dire. Le chant de guerre en passant par les oreilles et le cerveau de ces

Orientaux est devenu une mélopée d'amour et de rêve.

J'écoute ravi, près du canapé de Tita, et, tout en écoutant, je vois par la porte toujours ouverte, les murs trop blancs et le ciel bleu sombre.

On vient nous chercher. Tita va sortir. Les musiciens se lèvent, vont à sa rencontre, de l'autre côté de la terrasse.

Et à ce moment j'ai été témoin d'un spectacle que je n'oublierai de ma vie.

Tita paraît... Mais est-ce bien Tita, Tita la servante, Tita qui parle argot, est-ce bien elle ?

Soutenue par deux femmes, la voici dans son riche costume dont l'éclat ne me choque plus maintenant. Les traits, on les voit à peine, derrière le voile blanc qui la recouvre. Elle s'avance... mais comment pourrais-je donner une idée de sa démarche ? Tita est renversée en arrière, les yeux fermés, hiératique... et elle est merveilleusement belle, idéalisée. Le groupe marche lentement, lentement, lentement, insensiblement, le pied, à chaque pas, dépassant à peine l'autre. En même temps Tita se balance. Il semble qu'elle soit morte. Oui, c'est cela, il semble que c'est une morte, que c'est une sainte, avec sa châsse, une morte qu'on fait marcher.

Et des chants éclatent, et les musiciens bruyamment, jouent et chantent, et les invités psalmodient les prières ; les vieilles femmes font entendre des cris stridents et courts, des cris suraigus, tremblés, trillés, qui percent tout le bruit et semblent être des lamentations désespérées.

Au milieu de tout cela, Tita, éclairée par les grands cierges que tiennent devant elle deux enfants, s'avance toujours avec la même lenteur et la même majesté, entre deux haies de grands yeux noirs, entre deux haies de costumes roses, jaunes blancs, tout brodés d'argent ou surchargés d'or.

C'est vraiment très beau et très émouvant.

Je m'en veux de ne pas trouver d'autres mots pour dépeindre le spectacle que présentait alors la terrasse de la petite maison. Je n'ai pas su dire comme il conviendrait ni la beauté de Tita, ni la secousse nerveuse que m'ont donnée les cris stridents des vieilles, accompagnés par les prières et les chants.

La plus grande actrice des temps modernes, celle qu'on a appelée justement

Reine de l'attitude et princesse des gestes,

n'aurait pas su trouver, avec tout son art et toute sa beauté, une attitude aussi religieusement noble que l'humble Tita, s'avançant les yeux clos, la face immobile et radieuse, dans son costume blanc et son collier d'ambre, avec ses anneaux d'argent et son lourd hennin sur ses cheveux noirs. Aucun metteur en scène, aucun musicien n'aurait su ordonner ces groupes ni régler ces chants graves au-dessus desquels vibraient, de temps en temps, les cris stridents des femmes, des cris étranges et suraigus qui m'ont paru être la suprême expression de la détresse et qui, paraît-il, sont des cris de joie.

Et je me rappellerai longtemps aussi la face en écumoire du chanteur aveugle qui, tout en grattant sa guitare, levait vers le ciel ses yeux vidés et chantait en illuminé, en apôtre, des invocations pour appeler les bénédictions de Dieu sur le mariage de Tita.

Elle vint s'asseoir au milieu de la troisième pièce, au plafond de laquelle était suspendue, entourée d'une housse transparente, une lampe à pétrole de treize sous. Cette chambre est encore plus étroite et plus longue que l'autre. A chaque extrêmité il y a un lit de fer et, au milieu, encore une pendule en bronze doré.

La cérémonie continue, consistant surtout en offrandes d'argent et en baisers à la fiancée, devant laquelle les deux gamins tiennent leurs grands cierges dont la flamme menace à chaque instant d'enflammer la gaze qui protège la lampe à pétrole.

Aux pieds de Tita s'est assise une femme dont le visage est entouré d'un voile blanc et qui est – seule – vêtue d'un vêtement sombre. Avec son visage ravagé et grave, elle représente exactement la Vierge au pied de la croix. Au moment où j'en fais tout bas la remarque à un de mes compagnons, elle s'introduit l'index dans le nez.

Et sur un des lits, d'un geste machinal et distrait, une vieille femme promène ses doigts fouilleurs sur la tête d'un enfant qui s'y est hissé et qui bave de plaisir.

ÉPILOGUE

Trois ans plus tard l'oncle Paul vit un jour son neveu arriver chez lui avec un visage morose.

Depuis quelque temps déjà René paraissaît tourmenté.

Ce jour là son oncle se décida à lui demander des confidences.

— Eh bien, dit à la fin le jeune homme, je suis moins certain maintenant de ma vocation agricole.

— Après tous tes succès d'examens !

— Nous nous sommes peut-être trompés.

— Quelle serait alors ta vraie vocation ?

— Je ne sais pas.

Il y eut un silence. L'oncle Paul reprit :

— Tu ne me dis pas tout. Il y a quelque chose que tu me caches.

— Non, mon oncle, je t'assure.

— Je sais bien que l'agriculture te plaît. Tu ne peux pas me dire le contraire.

— Non.

— Alors.

— C'est peut-être l'agriculture en Algérie qui ne me convient pas.

Épilogue

A ces mots l'oncle sursauta, mais ce ne fut qu'après bien des sollicitations tendres qu'il arracha à son neveu l'aveu complet de son état d'esprit.

René avait le cœur le plus ardent et l'âme la plus généreuse. Élevé comme il l'avait été, il était prêt à être séduit par les doctrines les plus avancées, si elles se présentaient à lui en se réclamant de pitié, de bonté et de justice.

— Eh bien, dit-il enfin, j'hésite à rester ici parce que je ne suis pas certain de mon droit de prendre possession de terres dont mes compatriotes se sont emparés par la force.

L'oncle, bien qu'il n'en eut rien dit, avait recueilli depuis quelque temps un certain nombre d'indices qui lui avaient fait soupçonner cette inquiétude de René.

— Je suis enchanté de te voir ces scrupules, dit-il. Et nous allons causer ensemble, si tu le veux bien. Donc, tu hésites. Tu te demandes si tu as le droit moral de t'établir ici. Examinons ensemble la question. Nous, Français, nous nous sommes emparés de l'Algérie par la force : c'est vrai. Si l'exemple des autres pouvait servir de justification, je te dirais que notre nation n'a pas été la première à conquérir des colonies. Mais nous ne nous sommes pas bornés à la conquête. Nous avons mis cette terre en valeur.

— Cela, les Arabes l'eussent fait eux-mêmes.

— Je ne le crois pas. Et je vais t'en donner une

preuve. Malgré notre exemple, et bien qu'ils commencent déjà à le suivre, puisque dans le seul département d'Oran ils ont acheté, l'an dernier, quatre mille charrues françaises, les indigènes n'obtiennent par hectare que 640 kilogs de céréales, alors que les Européens en retirent neuf cents. Tu as pu voir des champs contigus : celui-ci bien labouré, par les nôtres ; cet autre, mal soigné, et parsemé des îlots que laisse la charrue arabe qui contourne les pieds de broussailles et les mauvaises plantes qu'on ne peut arracher qu'avec un petit effort supplémentaire.

Depuis que nous sommes ici, des villes se sont érigées. Mieux : d'énormes espaces où les forces de la nature étaient tenues en sommeil, sont devenus des laboratoires de vie : vie des plantes, vie des animaux, vie des hommes.

Nous avons apporté le travail, et aussi la paix. As-tu oublié l'exemple si frappant que je t'en ai donné à El-Kantara ? Rappelle-toi l'oasis, dans laquelle s'abritaient trois villages séparés les uns des autres de cent mètres à peine. Chacun d'eux était surmonté de tours grossièrement bâties et où, avant notre arrivée, des guetteurs surveillaient incessamment les environs afin de ne pas se laisser surprendre par l'invasion à main armée des voisins immédiats. Invasion toujours redoutée, toujours attendue. Incessamment on tuait. Incessamment on attendait la mort. Incessamment on était sur le qui vive, prêt à défendre la femme,

UN OASIS.

l'enfant, le bétail, les provisions, contre les ravisseurs jamais rassasiés.

Sur toute la terre d'Algérie, il en était de même.

Eh bien, les tours de veille sont inutiles aujourd'hui, et c'est la force publique, notre force, qui suffit à maintenir dans la tranquillité les turbulents d'autrefois, les bandits aujourd'hui désarmés qui, peu à peu, ont perdu le goût de la rapine et du meurtre.

N'avons-nous donné que la paix ? Nous avons apporté avec nous deux bienfaiteurs, deux grands bienfaiteurs : le maître d'école et le médecin. Quoi qu'on ait pu te dire, le maître d'école ne fait pas que des déclassés. En tous cas, sa présence et son action enlèvent aux Arabes toute excuse de révolte puisque les indigènes peuvent, grâce à lui, acquérir cette culture et cette science par lesquelles nous leur avons imposé notre joug. En les forçant à l'obéissance, nous avons en même temps mis à leur disposition le moyen de s'en délivrer.

Le bienfait du médecin n'est plus contesté. Pour ne parler que d'un cas, tu sais le nombre effroyable d'aveugles que faisait ici la variole. La variole recule devant le vaccin et tend à disparaître. Bien des yeux qui sans nous seraient à jamais fermés jouissent de la lumière.

Et je pourrais te donner encore bien des exemples. Nous avions créé la vie par le travail : notre science a atténué les puissances de la Mort. Écoute un chiffre, un seul. En 1841, à Boufarik, il y eut 106 morts sur 410 habitants. Morts de paludisme. Aujourd'hui, dans ce même Boufarik, on meurt moins qu'à Marseille.

Allons, allons, mon petit, ceux qui sèment la haine en croyant défendre la justice ou en affectant de la défendre, ceux là ne t'avaient pas tout dit. Ils ne t'ont pas fait remarquer non plus le respect que nous avons professé pour la religion des Arabes. On a pu même regretter en France, avec quelque apparence de raison, qu'il y ait eu parfois, de la part de nos gouvernants moins de tolérance et de respect à l'égard de nos propres compatriotes.

Le résultat de tout cela, c'est que la population arabe a doublé depuis notre arrivée. Les indigènes sont aujourd'hui cinq millions et ce nombre est en voie progressive d'accroissement.

Ébranlé, René objecta encore :

— C'est vrai. Mais comme nous leur avons pris la moitié de leurs terres, le résultat, c'est qu'ils meurent de faim.

— Les Arabes, la plupart du temps, se sont dépouillés volontairement de leurs biens.

— Et à bas prix.

— A bas prix en effet. Sais-tu pourquoi ? Ils avaient la conviction de nous rejeter bientôt à la mer, soit par leur propre force, soit grâce à l'intervention du Dieu de Mahomet. Ils étaient convaincus par conséquent qu'ils nous reprendraient les terres qu'ils nous vendaient, et le prix dont ils nous les faisaient payer n'était à leurs yeux qu'une bonne aubaine et non un prix d'achat.

René, irrité parce qu'il ne se décidait pas encore à avouer qu'il avait tort, répéta :

— Ils étaient les possesseurs du sol : nous le leur avons volé.

— Comment en étaient-ils possesseurs ? Parce qu'ils l'avaient volé eux-mêmes. En es-tu encore à ignorer que les Arabes ont été des conquérants et des conquérants barbares ? La vérité, c'est que cette terre d'Afrique du Nord a été prise sur les premiers occupants par nos ancêtres les Romains. Les Romains l'avaient pacifiée, rendue fertile. Ils l'avaient couverte de monuments comme ceux dont tu as vu les ruines à Timgad. Leurs travaux pour l'irrigation des terres font encore l'admiration de nos ingénieurs. Les hordes des Arabes envahisseurs sont venues. Ces barbares ont tout détruit, tout brûlé, tout tué, tout rendu à la mort. Aux peuples pasteurs comme eux, peu importent les villes et la civilisation : il ne leur faut que de grands espaces déserts qu'ils quitteront pour aller plus loin lorsque leurs troupeaux auront dévoré les rares touffes d'herbe sauvages des terrains dévastés.

Un jour, je pris sur le fait un Arabe qui, ayant trouvé dans son champ une pierre romaine portant une inscription, s'exténuait à la briser en menus morceaux.

C'était un Arabe avec qui j'avais de bonnes relations. Je lui demandai la raison de son acte.

Au lieu de répondre, il questionna :

— Tu les recherches, toi, les pierres de ce genre ? me demanda-t-il.

— Oui.

— Eh bien moi, je les brise pour la même raison que tu les recherches.

— Je ne comprends pas.

— Tu les recherches parce que ce sont les grands pères de tes grands pères qui y ont écrit des lettres qui sont les mêmes que les lettres de tes livres. Ce sont tes titres de propriété que tu cherches. Moi, je brise les pierres pour que tu ne trouves pas ces titres là.

— Eh bien, continua l'oncle Paul, sous l'erreur de cet Arabe se cachait une vérité profonde. Les Romains sont nos grands pères en effet. Écoute moi, René. La terre appartient à ceux qui la mettent en valeur. Ce principe ne peut être contesté par ceux là mêmes qui ont troublé ta conscience. Dans ce cas, elle nous appartient une fois de plus. Elle nous appartenait par héritage d'abord, elle nous appartient encore par droit de conquête, par droit d'achat, un achat où la France a payé avec le courage et la vie de ses enfants. Enfin, elle nous appartient encore une fois parce que nous l'avons de nouveau arrachée à la stérilité. Nous devons continuer, et reprendre ici l'œuvre romaine. Les conquérants haïssables, ce n'est pas nous, qui avons répandu et multiplié la vie sur cette terre d'Afrique ; les conquérants haïssables ce furent précisément les Arabes qui n'y ont apporté que l'incendie et la mort.

Qu'on ne nous serve donc plus cet argument sentimental et faux. Les Arabes n'en ont pas besoin pour exiger de nous de les traiter avec plus de dignité, plus d'amitié que nous ne le faisons. Nous en avons le devoir parce que, de même que noblesse oblige, toute supériorité crée un devoir. Cette supériorité, dont nous avons pu nous autoriser pour leur imposer notre domination, ils peuvent l'invoquer à leur tour pour exiger de nous que nous les traitions avec justice, avec bonté, avec courtoisie. Est-ce parce que toi tu as conscience de ce devoir auquel certains de nous ont manqué que tu veux t'y soustraire ? Des hommes avec des scrupules comme les tiens, nous n'en auront jamais assez ici. N'en diminue donc pas le nombre en pensant à t'en aller.

Reste, traite les Arabes comme un frère aîné doit traiter un frère cadet, avec autorité sans doute, mais fraternellement.

N'oublie jamais que les meilleurs d'entre eux, les chefs, sont sensibles à la politesse. Ne crois pas t'abaisser en leur en témoignant. Les Français qui, en France, n'ont pas l'habitude des salutations exagérées jusqu'à la servilité, ne se sentiront en rien atteints dans leur dignité pour avoir témoigné à un fonctionnaire indigène ou à quelque dignitaire arabe les mêmes marques extérieures d'estime qu'ils montreraient en France à un personnage occupant un rang correspondant.

Un homme, en Extrême Orient, m'a dit un jour :

— J'ai reconnu que toi, tu étais un chef.

— A quoi l'as-tu reconnu ?

— A ceci, que tu étais poli.

L'Arabe, sent de même, et il est, lui aussi, facilement porté à traiter comme un homme celui qui ne le traite pas comme un chien.

Mais cela tu le sais et ce n'est pas à toi que j'ai à prêcher le respect des gens d'ici.

Donc, tu es de ceux qui doivent rester afin de justifier la conquête. Sais-tu le reproche que m'adressait le mois dernier un vieil agha du Sud-Oranais ? Je vais te répéter ses paroles :

— Lorsque vous êtes venu, me disait-il, ceux d'entre nous qui voyaient loin ont cru que vous nous apportiez de grands bienfaits. Nous vous avons résisté autant que l'honneur nous le commandait, assez pour que nos femmes n'aient pas le droit de nous mépriser, assez aussi pour mériter votre propre estime. De votre côté, vous avez acquis la nôtre par le courage que vous avez montré dans les combats. Nous vous acceptions pour nos maîtres. Aujourd'hui que se passe-t-il ? Vous vendez les terres que vous nous avez prises, et vous les vendez à des étrangers que nous n'avons pas les mêmes raisons de respecter, à des Espagnols, à des Italiens. Et vous vendez en même temps votre autorité sur nous, puisque chaque propriétaire commande à un certain nombre des nôtres et lui distribue ou lui refuse le travail nécessaire à la vie. Voilà, me dit mon ami l'agha, la grande faute que vous commettez. Vous nous avez vaincus. Vous avez montré la force devant laquelle nous nous inclinons. A cause de cela, nous vous avons accepté pour nos maîtres. Mais il n'est pas bien de nous imposer des maîtres qui ne nous ont jamais montré d'autre puissance que celle de leur argent.

L'oncle Paul continua :

— Comprends-tu maintenant que ton devoir est de rester, de demeurer, de te fixer en Algérie, d'y assurer la prédominance de la culture française, des idées françaises, afin d'en faire bénéficier la race nouvelle qui est en création ici ?

Et René répondit :

— Mon oncle, je le comprends.

RENSEIGNEMENTS PRATIQUES

Il ne s'était passé que peu de jours depuis cet entretien lorsqu'un matin, l'oncle Paul, une lettre à la main, entra dans la chambre de René et lui dit :

— Voici que deux cultivateurs du pays de ta mère m'écrivent pour me demander des renseignements sur les démarches qu'ils auraient à faire pour venir s'installer en Algérie. Je te charge du soin le leur répondre.

— Mais, mon oncle, je ne sais pas bien moi-même...

— Eh bien, renseigne-toi. Il y a ici des bureaux, des libraires, des circulaires, des agences.

— Je ne demande pas mieux, mais si je me trompais... je tromperais ces braves gens.

— Si tu y tiens, je contrôlerai tes renseignements.

— Alors, j'accepte avec plaisir...

Et la lettre suivante partit pour la France quelques temps après :—

Monsieur,—Voici, d'après les documents officiels les avantages offerts à tout Français qui désire s'établir ici.

RUE DES OULED NAILS Á BISKRA.

Renseignements pratiques

Vous pouvez devenir propriétaire en Algérie de deux façons, soit en obtenant des terres à titre de concessions gratuites, soit en les achetant dans les ventes à bureau ouvert.

Concessions gratuites. – Je dois vous dire que le Gouvernement, pour des raisons qu'il serait trop long d'exposer ici, a décidé de restreindre, si non de supprimer tout-à-fait, au moins pour quelque temps, le nombre des concessions gratuites.

Ceci dit, voici comment les choses se sont passées jusqu'à présent dans le but de compléter le peuplement de la Colonie par l'élément français.

Le Gouvernement général de l'Algérie choisit, chaque année, divers territoires qu'il relie par des routes aux centres voisins. Il y amène l'eau indispensable aux besoins des habitants et à l'irrigation, il y construit les batiments publics nécessaires pour constituer un village et il y assure les services administratifs, scolaires et médicaux.

Le territoire est divisé en un certain nombre de propriétés qui comprennent généralement un lot à bâtir dans l'intérieur du village et un ou plusieurs lots appropriés aux genres de culture de la région.

La superficie totale de la propriété varie suivant les lieux, entre 40 et 100 hectares ; dans certaines régions elle atteint et dépasse 200 hectares.

Pour être admis à obtenir une concession, il faut :

1° Être Français et jouir de ses droits civils ;

2° Être chef de famille ;

3° Avoir des connaissances agricoles ;

4° Posséder des ressources suffisantes pour mettre en valeur la concession (minimum 5000 Frs) ;

5° S'engager à résider pendant dix ans [1] sur les terres concédées.

Formulée sur papier timbré, la demande indiquera le centre dans lequel le pétitionnaire désire être placé. L'Administration tient compte de ce désir dans la mesure où les circonstances le lui permettent. Si le demandeur n'a pas de préférence marquée, il se contente de désigner le département ou la région qui lui plairait davantage.

Il doit produire un extrait, de date récente, de son casier judiciaire et la justification de ses ressources disponibles, au moyen des avertissements du Service des Contributions directes et d'un certificat de dépôt en banque ou de toutes autres pièces probantes.

Une fois cet avis reçu, le concessionnaire, lorsqu'il se rend en Algérie, a droit pour lui et sa famille au transport à demi-tarif sur les lignes de chemin de fer, et au transport gratuit sur les paquebots désignés à cet effet.

[1] Le demandeur de concession gagnerait à venir en Algérie pour s'employer, pendant quelque temps, dans une exploitation agricole afin de s'y familiariser, avec les bonnes pratiques des cultivateurs de la Colonie. Mais s'il n'est pas assuré, par un engagement ferme, d'avoir du travail de cette nature, il lui est recommandé, pour n'avoir aucun déboire, de ne se rendre en Algérie que lorsqu'il sera avisé de son admission comme concessionnaire, par le préfet du département où est située la concession.

Il doit transporter son domicile et résider sur la terre concédée avec sa famille, d'une manière effective et permanente, pendant dix années à partir de sa mise en possession.

Il a un délai de six mois, à dater de son admission, pour s'y installer.

Il doit, en outre, construire sur un de ses lots des bâtiments d'habitation et d'exploitation, y installer le bétail et l'outillage que comportent l'étendue de la concession et le mode de culture.

Ventes à bureau ouvert. – C'est, aujourd'hui, le moyen le plus pratique de se rendre propriétaire en Algérie.

Les lenteurs que comporte l'attribution d'une concession gratuite sont ici entièrement supprimées. Pendant toute la durée de la vente à bureau ouvert, tout français non possesseur de terres de colonisation, après avoir fixé son choix sur une propriété n'a qu'à se présenter pour en faire l'acquisition soit en personne, soit par mandataire, chez le receveur des domaines du chef-lieu du département, qui lui en consent immédiatement la vente. L'acte est signé le jour même et la mise en possession de l'acquéreur est effectuée, aussitôt après l'approbation de la vente par le Gouverneur général.

Les terres mises dans ces conditions à la disposition des colons sont toujours vendues sur des mises à prix inférieures à leur valeur réelle. De plus, l'administration accorde aux acquéreurs de grandes facilités de paiement et même dans certains cas la remise d'une fraction importante du prix d'achat.

Les propriétés mises en vente sont réservées partie aux immigrants, partie aux algériens.

Sont considérés comme immigrants :

1° Les Français originaires de la Métropole habitant la métropole, une colonie française autre que l'Algérie, ou les pays de protectorat, ou ayant transporté leur domicile réel en Algérie depuis moins de 18 mois ;

2° Les militaires ou fonctionnaires en activité de service ou à la retraite depuis moins de 18 mois qui, au moment de leur admission dans l'armée ou dans l'administration de la Colonie, avaient leur domicile dans la Métropole, dans les Colonies autres que l'Algérie ou dans les pays de protectorat.

La qualité d'immigrant ne pourra être acquise ou recouvrée par un français d'Algérie, qu'après trois ans de domicile réel dans la Métropole.

Le prix de vente est payable en cinq termes, s'échelonnant sur une période de dix années, savoir : 2/8e avec les frais de vente incombant à l'acquéreur au moment de la signature de l'acte d'acquisition ; ce premier terme est payé comptant et encaissé à titre de dépôt.

1/8e trois ans après le paiement du premier terme

pour les acquisitions réalisées entre le 1er septembre et le 31 décembre, et le 1er septembre qui suivra l'expiration de cette période de 3 ans pour les acquisitions faites du 1er janvier au 31 août.

1/8e un an après l'échéance du deuxième terme.

1/8e un an après l'échéance du troisième terme.

3/8e cinq ans après l'échéance du quatrième terme.

Les quatre derniers termes sont payables à la caisse du Receveur des Domaines de la situation de l'immeuble vendu.

Il ne sera pas dû d'intérêts si les termes du prix de vente sont payés exactement à l'échéance. En cas de retard, quelle qu'en puisse être la cause, chaque terme échu porte intérêt à 5% par an, à partir du jour de son exigibilité. Les mois seront comptés pour trente jours, chaque jour pour un trois cent soixantième de l'année.

Les quittances délivrées par le Receveur n'opéreront la libération définitive de l'acquéreur, qu'autant que les paiements auront été reconnus réguliers et suffisants par un décompte réglé conformément aux lois relatives à l'aliénation des biens de l'État.

L'acquéreur est tenu, sous peine de déchéance :

1° De payer le prix d'achat de sa terre et suivant la répartition fixée ;

2° De transporter son domicile sur la terre acquise et d'y construire une maison d'habitation et d'exploitation d'une valeur minima de 3000 Fr. dans le délai de six mois à dater du jour de l'achat ;

3° D'y résider avec sa famille et de l'exploiter personnellement pendant les dix années qui suivront sa mise en possession, ou de se substituer une famille remplissant les mêmes conditions d'origine et n'étant pas propriétaire ou locataire dans le même centre.

L'acquéreur sera tenu, en outre, de planter deux arbres par hectare. La plantation pourra être effectuée avec des arbres de toutes essences, en alignements ou en quinconces, distribués sur toute la propriété, ou groupés en un ou plusieurs massifs.

A l'expiration de la cinquième année de résidence, les arbres plantés en exécution de cette obligation devront être à l'état vif et avoir au moins trois ans d'âge.

La valeur des plantations sera comprise dans le montant des améliorations exigées comme il est dit ci-après, pour avoir droit à une réduction de la durée de résidence et à une remise d'une partie du prix de vente.

En dehors des conditions de vente ci-dessus énumérées, l'acquéreur sera tenu de faire partie des associations syndicales d'irrigations créées ou à créer en conformité de la loi du 21 juin 1865.

La durée de l'obligation de résidence sera réduite à cinq années, si l'acquéreur a résidé personnellement avec sa famille et sans interruption aucune pendant cinq ans et s'il justifie avoir construit des bâtiments d'habitation et d'exploitation et fait sur son lot les améliorations indiquées par l'arrêté spécial à chaque immeuble.

L'acquéreur qui aura satisfait pendant trois ans au moins aux obligations qui lui sont imposées pourra céder ses terrains à toute personne remplissant les mêmes conditions d'origine que lui-même, jouissant de ses droits civils et n'ayant jamais été acquéreur concessionnaire ou cessionnaire, à quelque titre que ce soit, de terres de colonisation. L'acte de cession est soumis à l'approbation du Gouverneur général. Le cessionnaire se trouve substitué au cédant pour l'accomplissement des clauses et charges du contrat.

Avant l'expiration d'un délai de dix ans, à dater du jour où il a été satisfait aux conditions de résidence et d'exploitation dont il est parlé à l'article 16, l'immeuble vendu ne pourra être transmis, à titre gratuit ou onéreux, à d'autres personnes que des Français d'origine européenne ou à des européens naturalisés, jouissant de leurs droits civils, et n'ayant jamais été acquéreurs, concessionnaires ou cessionnaires, à quelque titre que ce soit, de terres de colonisation.

Les professeurs départementaux d'agriculture sont chargés de faire, dans les centres de colonisation, des tournées au cours desquelles ils donnent aux concessionnaires les indications les plus utiles à connaître.

Tous les renseignements sur le climat, la nature du sol, les grandes cultures, les cultures industrielles, les cultures arbustives, les pépinières, le matériel, le bétail, les bergeries, les ruchers, les huileries, les méthodes de vinification, les marchés, les stations de monte, les ressources du pays, les matériaux de construction, seront fournis aux colons.

Il est entendu, d'ailleurs, que, dans leurs causeries, les professeurs départementaux ne doivent pas perdre de vue qu'il ne s'agit nullement de se substituer à l'initiative du colon, ni de l'encourager en aucune façon dans telle ou telle entreprise, mais bien de lui fournir toutes les données dont il peut avoir besoin pour orienter son exploitation et la mettre en rapport le plus rapidement possible.

Les nouveaux colons qui débarquent à Alger sont reçus à leur arrivée par un fonctionnaire du Gouvernement général, chargé de les renseigner sur les moyens de gagner leur concession de la façon la plus économique.

Dès leur arrivée, les nouveaux colons feront bien de s'adresser de préférence à l'administrateur de la commune mixte dont dépend le centre qu'ils vont habiter, pour être exactement mis au courant des usages et des coutumes de la région.

Ce fonctionnaire les renseignera sur le mode de construction, les prix courants, les contrats de défrichement, de culture, de moisson, etc.

... Et maintenant, Monsieur, il ne me reste qu'à vous souhaiter, de la part de mon oncle et de la mienne, bon courage et bon succès.

RENÉ.

*

* *

Lorsque l'oncle Paul eut achevé la lecture de cette lettre, il dit à René :

— Tu connais maintenant l'Algérie... Mais il y a, à côté d'elle, un pays qui sans être absolument terre de France, comme celui-ci, est cependant soumis à notre influence, et où il reste beaucoup, beaucoup à faire.

— C'est la Tunisie ?

— C'est la Tunisie.

— Je voudrais bien la connaître...

— Je désire aussi te la faire connaître. Ce sera l'objet notre prochain voyage.[1]

FIN

[1] Voir, dans cette même collection, l'ouvrage du même auteur intitulé *Tunisie.*

TABLE DES MATIÈRES

TABLE DES ILLUSTRATIONS

Collection
honorée de Souscriptions
de l'État

LES ARTS GRAPHIQUES :
IMPRIMEURS-ÉDITEURS,
VINCENNES

www.ingramcontent.com/pod-product-compliance
Ingram Content Group UK Ltd.
Pitfield, Milton Keynes, MK11 3LW, UK
UKHW022114190726
13855UKWH00002B/855